BestMasters

Mit **„BestMasters“** zeichnet Springer die besten Masterarbeiten aus, die an renommierten Hochschulen in Deutschland, Österreich und der Schweiz entstanden sind. Die mit Höchstnote ausgezeichneten Arbeiten wurden durch Gutachter zur Veröffentlichung empfohlen und behandeln aktuelle Themen aus unterschiedlichen Fachgebieten der Naturwissenschaften, Psychologie, Sozialwissenschaften, Technik und Wirtschaftswissenschaften. Die Reihe wendet sich an Praktiker und Wissenschaftler gleichermaßen und soll insbesondere auch Nachwuchswissenschaftlern Orientierung geben.

Springer awards **“BestMasters”** to the best master’s theses which have been completed at renowned Universities in Germany, Austria, and Switzerland. The studies received highest marks and were recommended for publication by supervisors. They address current issues from various fields of research in natural sciences, psychology, social sciences, technology, and economics. The series addresses practitioners as well as scientists and, in particular, offers guidance for early stage researchers.

Nika Zora Sachs

Modellierung des Zusammenhangs von ESG-Kriterien und ausgewählten Finanzkennzahlen

Eine qualitative Studie

Springer Gabler

Nika Zora Sachs, Master of Science
Real Estate Management
International School of Management
München, Deutschland

ISSN 2625-3577 ISSN 2625-3615 (electronic)
BestMasters
ISBN 978-3-658-51685-7 ISBN 978-3-658-51686-4 (eBook)
https://doi.org/10.1007/978-3-658-51686-4

Die Deutsche Nationalbibliothek verzeichnet diese Publikation in der Deutschen Nationalbibliografie; detaillierte bibliografische Daten sind im Internet über https://portal.dnb.de abrufbar.

Planung/Lektorat: Karina Kowatsch
Springer Gabler ist ein Imprint der eingetragenen Gesellschaft Springer Fachmedien Wiesbaden GmbH und ist ein Teil von Springer Nature.
Die Anschrift der Gesellschaft ist: Abraham-Lincoln-Str. 46, 65189 Wiesbaden, Germany

Interessenkonflikt Der/die Autor*in hat keine relevanten Interessenskonflikte im Zusammenhang mit dieser Publikation.

Kurzfassung

Ziel dieser Masterarbeit ist es, den Zusammenhang von ESG-Kriterien und ausgewählten Finanzkennzahlen von Immobilien zu untersuchen und die gewonnenen Erkenntnisse in einem konzeptionellen Modell abzubilden. Angesichts des zunehmenden Drucks auf die ESG-Debatte, rückt die Frage nach der finanziellen Materialität von ESG stärker in den Fokus. Vor diesem Hintergrund widmet sich die Arbeit der Beantwortung folgender Forschungsfrage: „Inwiefern beeinflussen ESG-Maßnahmen bei Immobilien deren wirtschaftliche Performance, gemessen an wesentlichen finanziellen Kennzahlen?"

Zur Beantwortung der Forschungsfrage wurde eine qualitative Studie auf Basis von zehn Experteninterviews durchgeführt. Die Gespräche wurden mithilfe einer qualitativen Inhaltsanalyse nach Kuckartz und Rädiker ausgewertet.

Die Analyse zeigt, dass sich Maßnahmen im Bereich „Klimaschutz und Energie" kennzahlenübergreifend deutlich positiv auf die wirtschaftliche Performance von Immobilien auswirken. Die Maßnahmenbereiche „Ressourcen und Material" sowie „Fläche und Biodiversität" wirken lediglich auf die Betriebskennzahlen leicht positiv. Die Erfüllung Sozialer- und Governance-Kriterien weisen eine schwach positive, jedoch über die einzelnen Kennzahlen hinweg konsistente Wirkung auf die wirtschaftliche Performance von Immobilien auf.

Die Ergebnisse verdeutlichen, dass die finanzielle Wirkung von ESG-Maßnahmen maßgeblich vom jeweiligen Maßnahmenbereich, der Assetklasse sowie der betrachteten Kennzahlengruppe abhängt. Je besser die Effekte quantifizierbar und kommunizierbar sind, desto stärker zeigt sich ihr wirtschaftlicher Nutzen. Das erarbeitete Modell bietet Entscheidungsträgern zudem eine strukturierte Orientierung zur Bewertung der finanziellen Wirkzusammenhänge von ESG-Maßnahmen auf Immobilien.

Abstract

The objective of this Master's thesis is to examine the relationship between ESG criteria and selected financial performance indicators of real estate assets, and to reflect the results in a conceptual model. In the context of increasing pressure on the ESG debate, the issue of the financial materiality of ESG is gaining greater attention. In light of the aforementioned background, the present study seeks to investigate the extent to which ESG measures in real estate influence its economic performance, measured by key financial indicators.

To answer the specified research question, a qualitative study was conducted, which comprised ten expert interviews. The interviews were evaluated using a qualitative content analysis according to Kuckartz and Rädiker.

The analysis reveals that measures in the field of climate protection and energy have a distinctly positive effect on the economic performance of real estate assets across all key indicators. The measures implemented in the field of resources and materials and land and biodiversity have a marginal positive impact on operating figures. The fulfilment of social and governance criteria has a slightly positive but consistent effect on the economic performance of real estate assets.

The results demonstrate that the financial implications of ESG measures are dependent on the specific field of the measures, the asset class and the group of key figures under consideration. The economic benefits of such effects are maximised when they are quantifiable and communicable. The model developed also offers decision-makers structured guidance for assessing the financial implications of ESG measures on real estate assets.

Inhaltsverzeichnis

Abkürzungsverzeichnis

B1–B10	Nummerierte Interviewpartner in der Studie
BAFA	Bundesamt für Wirtschaft und Ausfuhrkontrolle
BEHG	Brennstoffemissionshandelsgesetz
BGB	Bürgerliches Gesetzbuch
BMWK	Bundesministerium für Wirtschaft und Klimaschutz
BREEAM	Building Research Establishment Environmental Assessment Method
CO2	Kohlendioxid
CSRD	Corporate Sustainability Reporting Directive
DGNB	Deutsche Gesellschaft für Nachhaltiges Bauen
EBIT	Earnings Before Interest and Taxes
EED	Energy Efficiency Directive
EEG	Erneuerbare-Energien-Gesetz
EnEfG	Energieeffizienzgesetz
EnergieStG	Energiesteuergesetz
EPBD	Energy Performance of Buildings Directive
EPC	Energy Performance Certificate
ESG	Environmental, Social, Governance
ETS	Emissions Trading System
EU	Europäische Union
GEG	Gebäudeenergiegesetz
gif	Gesellschaft für Immobilienwirtschaftliche Forschung e. V.
GRESB	Global Real Estate Sustainability Benchmark
GRI	Global Reporting Initiative

i.V.m.	In Verbindung mit
IRR	Internal Rate of Return
KPI	Key Performance Indicator
KPIs	Key Performance Indicators
LEED	Leadership in Energy and Environmental Design
LRECs	Listed Real Estate Companies
LTV	Loan-to-Value
MAXQDA	Qualitative Datenanalysesoftware für Text und Multimedia
NOI	Net Operating Income
NPV	Net Present Value
PERE	Private Equity Real Estate
PRECs	Public Real Estate Companies
PRI	Principles for Responsible Investment
RED	Renewable Energy Directive
REITs	Real Estate Investment Trusts
ROA	Return on Asset
ROE	Return on Equity
SDGs	Sustainable Development Goals
SFDR	Sustainable Finance Disclosure Regulation
UNGC	United Nations Global Compact
WELL	WELL Building Standard

Abbildungsverzeichnis

Tabellenverzeichnis

Einleitung

1

1.1 Aktualität und Kontext

Die Bedeutung von Umwelt-, Sozial- und Governance-Kriterien (ESG) für Wirtschaft und Gesellschaft hat in den vergangenen Jahren erheblich zugenommen und prägt zunehmend auch die Immobilienwirtschaft. Steigende Erwartungen von Investoren und Stakeholdern, verschärfte regulatorische Anforderungen und die fortschreitenden und spürbaren Auswirkungen des Klimawandels sowie die wachsende soziale Ungleichheit haben ESG in den letzten Jahren vom Randphänomen zu einem zentralen Beurteilungsmaßstab wirtschaftlicher Aktivitäten gemacht.

Die Immobilienwirtschaft nimmt in der ESG-Debatte eine Schlüsselrolle ein. Sie trug 2023 mit etwa 138,7 Mrd. Euro rund 19 % zur deutschen Gesamtwertschöpfung bei (vgl. ZIA 2024: 1). Gleichzeitig ist der Gebäudesektor einer der energieintensivsten Wirtschaftszweige und steht damit im Fokus klimapolitischer Maßnahmen. Auf ihn entfallen ca. 40 % des Gesamtenergieverbrauchs der Europäischen Union (EU), über 50 % des Gasverbrauchs und etwa 35 % der energiebedingten Treibhausgasemissionen (vgl. Europäische Kommission 2024: 1). Über 85 % der Gebäude in der EU wurden vor dem Jahr 2000 errichtet (vgl. Europäische Kommission 2025). Etwa 75 % aller Gebäude gelten als energetisch ineffizient und schätzungsweise 85–95 % der Gebäude werden das Ziel der Klimaneutralität bis 2050 nach aktuellem Stand verfehlen (vgl. Europäische Kommission 2025; Paul/Schafer 2023). Trotz dieser Prognose liegt die jährliche Sanierungsrate bei lediglich 1 % (vgl. Europäische Kommission 2025). Die Dekarbonisierung des Gebäudebestands kann somit als einer der entscheidenden Hebel zur Erreichung der europäischen und deutschen Klimaziele gesehen werden.

N. Z. Sachs, *Modellierung des Zusammenhangs von ESG-Kriterien und ausgewählten Finanzkennzahlen*, BestMasters,
https://doi.org/10.1007/978-3-658-51686-4_1

In jüngster Vergangenheit ist ESG jedoch zunehmend Gegenstand kontroverser Debatten geworden. Während das Thema lange Zeit als unstrittige Fortschrittsagenda galt, zeigen sich seit 2023 deutlichere Gegenbewegungen. Eine aktuelle Studie von Morningstar Sustainalytics belegt, dass globale offene börsengehandelte Nachhaltigkeitsfonds im ersten Quartal 2025 einen Rekordabfluss von schätzungsweise 8,6 Mrd. US-Dollar (korrigiert um die Zuflüsse) verzeichneten (vgl. Morningstar Sustainalytics 2025: 1). Europa verzeichnete seit 2018 das erste Quartal mit Nettoabflüssen, während die Investoren in den Vereinigten Staaten das zehnte Quartal in Folge Geld aus nachhaltigen Fonds abzogen (vgl. Morningstar Sustainalytics 2025: 1). In den USA wurde zudem mit der Schließung von 20 Nachhaltigkeitsfonds ein neuer Quartalshöchststand erreicht (vgl. Morningstar Sustainalytics 2025: 1). Auch wurde immer wieder öffentlich, dass sich globale Finanzakteure aus freiwilligen Allianzen wie der Net Zero Banking Alliance zurückziehen und bedeutende Unternehmen teilweise ihre Diversitätsprogramme zurücknehmen (vgl. Buchter 2024; Bluhm 2025). Treiber dieser Entwicklungen sind neben der allgemein geschwächten Konjunkturlage geopolitische Herausforderungen, steigende politische Polarisierungen und gestiegene Finanzierungskosten sowie die zunehmende Kritik an ESG-Standards und -Ratings, die als intransparent und uneinheitlich gelten (vgl. Bluhm 2025; vgl. Morningstar Sustainalytics 2025: 1).

Es zeigt sich ein Spagat zwischen normativer Anspruchshaltung und betriebswirtschaftlicher Realität in Phasen konjunktureller Unsicherheiten. Die ESG-Debatte scheint dabei unter Druck zu geraten, sich durch finanzielle Materialität zu legitimieren.

Gleichzeitig wird ESG-Konformität in Europa aufgrund umfangreicher regulatorischer Vorgaben, die darauf abzielen, die ambitionierten klimapolitischen Ziele zu erreichen, zunehmend zum strategischen Faktor. Außerdem zeigen Studien, dass ein proaktiv gesteuertes Nachhaltigkeitsmanagement grundsätzlich Wettbewerbsvorteile generieren kann (vgl. KPMG 2023: 5, 14 bis 15). Auch in der Immobilienwirtschaft kann ESG-Konformität positive Effekte auf Finanzierungskonditionen, Investitionsattraktivität und Versicherbarkeit haben (vgl. Bluhm 2025).

Angesichts des aktuellen Spannungsverhältnisses wird die Frage, ob und unter welchen Bedingungen ESG-Maßnahmen tatsächlich einen ökonomischen Mehrwert generieren, immer relevanter.

Die vorliegende Arbeit greift diesen Forschungsbedarf auf und betrachtet ihn aus dem Blickwinkel der Immobilienwirtschaft.

1.2 Zielsetzung und Forschungsfrage

Diese Masterarbeit widmet sich der Beantwortung folgender Forschungsfrage:

Inwiefern beeinflussen ESG-Maßnahmen bei Immobilien deren wirtschaftliche Performance, gemessen an wesentlichen finanziellen Kennzahlen?

Um eine differenzierte Analyse der Auswirkungen von ESG-Maßnahmen zu ermöglichen, werden folgende Kennzahlen (klassisch finanzmathematische Kennzahlen sowie Kennzahlen mit Mischcharakter zwischen operativ und finanziell) betrachtet:

- Net Present Value (NPV)
- Internal Rate of Return (IRR)
- Net Operating Income (NOI)
- Leerstandsquote
- Verkehrswert
- Loan-to-Value (LTV)

Zur Beantwortung der Fragestellung wird eine qualitative Forschungsmethodik in Form von Experteninterviews angewandt. Ziel ist es, fundierte Einschätzungen von Branchenexperten zur wirtschaftlichen Bedeutung von ESG-Maßnahmen im Immobiliensektor zu gewinnen.

Über die Beantwortung der Forschungsfrage hinaus verfolgt diese Arbeit das Ziel, ein konzeptionelles, praxisnahes Modell zu entwickeln. Dieses Modell soll auf Basis der gewonnenen Erkenntnisse eine strukturierte Einschätzung der ökonomischen Potenziale von ESG-Maßnahmen ermöglichen und als Entscheidungshilfe für Akteure in der Immobilienwirtschaft dienen.

Der empirische Teil dieser Arbeit beschränkt sich auf eine Betrachtung des deutschen Immobilienmarkts.

1.3 Aufbau der Arbeit

Die Masterarbeit ist in fünf Hauptkapitel untergliedert und folgt einem logischen Aufbau, der theoretische Fundierung und empirische Tiefe gewährleistet.

Nach der Einleitung, in der die Aktualität des Themas, die Zielsetzung sowie die Forschungsfrage vorgestellt werden, folgen im zweiten Kapitel die theoretischen und konzeptionellen Grundlagen. Zunächst wird der Immobilienbegriff definiert, danach wird die Entstehung von ESG und anschließend die Betrachtung von ESG in der Immobilienwirtschaft erläutert. Ergänzt wird dies um die Vorstellung der zu untersuchenden Finanzkennzahlen sowie um eine umfassende Darstellung des bisherigen Forschungsstands. Darauf aufbauend wird in Abschnitt 2.6 ein konzeptionelles Modell entwickelt, das ESG-Kriterien in fünf Maßnahmengruppen einordnet und diese Maßnahmengruppen drei finanziellen Wirkdimensionen gegenüberstellt. Das dritte Kapitel bildet den empirischen Teil der Arbeit. Es beschreibt das methodische Vorgehen und stellt die befragten Experten sowie die Interviewergebnisse vor. Das vierte Kapitel diskutiert die gewonnenen Erkenntnisse. Dabei erfolgt eine Synthese der Ergebnisse nach ESG-Dimensionen, eine Queranalyse entlang der Kennzahlengruppen sowie die finale Befüllung des konzeptionellen Modells. Abschließend wird der Rückbezug zur Theorie hergestellt und die praktischen Implikationen abgeleitet. Die Arbeit schließt mit einer zusammenfassenden Bewertung der Ergebnisse, einer kritischen Reflexion sowie einem Ausblick auf zukünftige Forschung und Entwicklung.

Theoretischer und konzeptioneller Rahmen 2

Dieses Kapitel definiert die theoretischen und konzeptionellen Grundlagen der Arbeit und schafft die Basis für die empirische Analyse.

Abschnitt 2.1 widmet sich dem Immobilienbegriff und grenzt relevante Assetklassen voneinander ab, um ein einheitliches Verständnis sicherzustellen. In Abschnitt 2.2 wird ESG definiert und zentrale Entwicklungslinien im Nachhaltigkeitsdiskurs dargestellt. Es folgt in Abschnitt 2.3 die Betrachtung von ESG-Kriterien im Kontext der Immobilienwirtschaft. Anschließend werden in Abschnitt 2.4 die Key Performance Indicators (KPIs), die dieser Arbeit zugrunde liegen, definiert. In Abschnitt 2.5 folgt die Auswertung einschlägiger wissenschaftlicher Studien zum Zusammenhang von ESG-Kriterien und der wirtschaftlichen Performance von Unternehmen und Immobilien. Abschließend werden praxisorientierte Publikationen vorgestellt.

2.1 Immobilienbegriff

Der Begriff „Immobilie" stammt von dem lateinischen Wort „immobilis", was ins Deutsche übersetzt „unbeweglich" bedeutet. Begriffe wie Grundstück, Gebäude, Grund und Boden oder Liegenschaft werden im allgemeinen Sprachgebrauch oft synonym verwendet. Da die Immobilie in mehreren Wissenschaftsbereichen, beispielsweise Wirtschaft, Recht, Bauwesen, Architektur und Soziologie, Betrachtung findet, ist der Begriff nicht allgemeingültig definiert (vgl. Gromer 2012: 11 bis 12). Grundsätzlich kann in den physischen, den juristischen und den ökonomischen Immobilienbegriff unterschieden werden.

N. Z. Sachs, *Modellierung des Zusammenhangs von ESG-Kriterien und ausgewählten Finanzkennzahlen*, BestMasters,
https://doi.org/10.1007/978-3-658-51686-4_2

Aus physischer Sicht definiert sich eine Immobilie über ihre materiellen Eigenschaften wie Wände, Böden und Dächer, die auf einem Erdoberflächenabschnitt errichtet ein dreidimensionales Gebilde formen. Diese Betrachtung ist jedoch zu eng, da sie weder den Grund und Boden noch die funktionale Nutzenstiftung der Immobilie einbezieht (vgl. Schulte 2008: 7).

Der juristische Immobilienbegriff ist in Deutschland nicht legaldefiniert. Das Bürgerliche Gesetzbuch (BGB) spricht lediglich von Grundstücken. Laut BGB gelten Gebäude als wesentlicher Bestandteil des darunterliegenden Grundstücks, da sie fest mit Grund und Boden verbunden sind. Insgesamt steht im juristischen Verständnis der Grund und Boden im Mittelpunkt, wobei Gebäude nicht als rechtlich eigenständige Sachen aufgefasst werden. Aus Sicht der modernen Immobilienökonomie ist diese Begriffsdefinition zu eng. (vgl. Schulte 2008: 8 bis 10).

Die Wirtschaftswissenschaften betrachten Immobilien aus investitionstheoretischer Perspektive als Kapitalanlagen bzw. Sachvermögen und aus produktionswirtschaftlicher Sicht als Produktionsfaktor. Der Wert der Immobilie ergibt sich aus der Nutzung und nicht aus ihrer physischen Produktion (vgl. Schulte 2008: 10).

Für diese Arbeit soll unter dem Begriff „Immobilie“ Folgendes verstanden werden: „Immobilien sind Wirtschaftsgüter, die aus unbebauten Grundstücken oder bebauten Grundstücken mit dazugehörigen Gebäuden und Außenanlagen bestehen. Sie werden von Menschen im Rahmen physisch-technischer, rechtlicher, wirtschaftlicher und zeitlicher Grenzen für Wohn-, Produktions-, Handels-, Dienstleistungs- und Konsumzwecke genutzt“ (Schulte 2008: 16).

Grundlegend können Immobilien in Wohn-, Gewerbe- und Sonderimmobilien unterteilt werden und diese wiederum in weitere Unterkategorien.

Zum Zwecke dieser Arbeit wird in folgende Assetklassen unterschieden:

- Wohnimmobilien
- Büroimmobilien
- Handelsimmobilien
- Logistik- und Produktionsimmobilien
- Sonderimmobilien

Wohnimmobilien definieren sich über den Zweck, Menschen eine nachhaltige Befriedigung der Wohnbedürfnisse zu gewährleisten (vgl. Lütge 1940: 34). Ob die Immobilie eigengenutzt oder vermietet wird ist dabei unerheblich (vgl. Schulte 2008: 120).

Bei den im Folgenden definierten Assetklassen handelt es sich ausschließlich um Gewerbeimmobilien.

Büroimmobilien haben den Zweck, Raum für Bürotätigkeiten bereitzustellen. Die Gesellschaft für Immobilienwirtschaftliche Forschung e. V. (gif) definiert Büroflächen wie folgt: „Als Büroflächen gelten diejenigen Flächen, auf denen typische Schreibtischtätigkeiten durchgeführt werden bzw. durchgeführt werden könnten und die auf dem Büroflächenmarkt gehandelt, das heißt als Bürofläche vermietet werden können" (gif 2004: 3).

Handelsimmobilien definieren sich dadurch, dass die Erzielung von Umsatz durch Kunden mit dem Verkauf von Waren oder der Erbringung von Dienstleistungen im Vordergrund steht (vgl. Schulte 2008: 127).

Logistik- und Produktionsimmobilien werden teilweise unter dem Begriff Industrieimmobilie zusammengefasst. Logistikimmobilien dienen der Distribution von Waren und Gütern, wohingegen Produktionsimmobilien insbesondere einem Fertigungszweck dienen (vgl. Schulte 2008: 123, 136 bis 137).

Sonderimmobilien (auch Spezialimmobilien genannt) zeichnen sich durch eine sehr spezifische Nutzung und somit durch eine geringe Drittverwendungsfähigkeit aus. Aufgrund nutzungsspezifischer Anforderungen sind sie maßgeschneidert geplant und konzipiert (vgl. Schulte 2008: 137 bis 138). Beispiele sind:

- Hotel- und Gastronomieimmobilien
- Verkehrs- und Infrastrukturimmobilien (Flughäfen, Kraftwerke etc.)
- Sozialimmobilien (Seniorenresidenzen, Kliniken etc.)
- Kulturimmobilien (Theater, Bibliotheken etc.)
- Großimmobilien (Stadien etc.)

2.2 ESG

Nachdem der Begriff ESG in Abschnitt 2.2.1 definiert wird, werden in Abschnitt 2.2.2 die maßgeblichen Entwicklungen zur Entstehung des Nachhaltigkeitsgedankens und daraus abgeleitet zur Entstehung von ESG beschrieben.

2.2.1 Begriffsdefinition

Auch wenn der Begriff ESG bereits 2004 verwendet wurde, kennt die Literatur keine einheitliche Definition für das aus dem Englischen stammende Akronym.

Die drei Buchstaben stehen für Environmental (= Umwelt), Social (= Soziales) und Governance (= Unternehmensführung), die genaue inhaltliche Interpretation unterliegt jedoch subjektiven Faktoren (vgl. Avdimetaj et al. 2022: 5).

Eine mögliche Definition, die in dieser Ausarbeitung für ESG gelten soll, lautet:

> *„ESG zielt auf ein nachhaltiges verantwortliches unternehmerisches Handeln ab. Dabei kann ESG als ein holistischer Strategie- und Bewertungsrahmen verstanden werden, der Umwelt-, Sozial- und Governance Faktoren als nicht-finanzielle Dimensionen in die Bewertung der Performance und des Risikoprofils eines Unternehmens sowie in die Geschäftstätigkeit integriert"* (Helmold et al. 2024: 8 zit. nach Sherwood/Pollard 2023; Wölfl 2022: 73).

Der Environmental-Aspekt bezieht sich auf die ökologische Nachhaltigkeit. Er bewertet die ökologische Nachhaltigkeit unternehmerischer Aktivitäten, insbesondere im Hinblick auf die Internalisierung umweltbezogener externer Effekte. Die Umweltsäule dient der Quantifizierung unternehmerischer Beiträge zum Schutz natürlicher Ökosysteme (vgl. Helmold et al. 2024: 8).

Der Social-Aspekt bewertet die soziale Nachhaltigkeit der Unternehmensaktivitäten. Er untersucht, wie ein Unternehmen mit Mitarbeitenden, Kunden, Lieferanten und weiteren Stakeholdern umgeht und inwieweit das zur Wahrung der Menschenwürde, Armutsbekämpfung sowie zur Lösung sozialer und gerechter Strukturfragen beiträgt. Dabei steht im Fokus, wie soziale Belange in unternehmerische Entscheidungen integriert und deren gesellschaftliche Auswirkungen berücksichtigt werden (vgl. Wotruba/Hein 2025: 164; Helmold et al. 2024: 8).

Der Governance-Aspekt betrachtet, wie ein Unternehmen geführt, kontrolliert und verantwortet wird. Zentrale Themen wie Transparenz, Rechenschaftspflicht, ethisches Verhalten und die Verankerung von Nachhaltigkeit in der Unternehmensstrategie stehen im Mittelpunkt. Governance bewertet die Unternehmensführung hinsichtlich eines stabilen, wachstumsorientierten und verantwortungsvollen Unternehmensumfelds, das Korruption, Wettbewerbsverzerrung und kurzfristiges Denken vermeidet und die Interessen aller Stakeholder angemessen berücksichtigt (vgl. Wotruba/Hein 2025: 164; Helmold et al. 2024: 8).

2.2.2 Herkunft und Entwicklung von ESG

Das Bewusstsein für ökologische und soziale Belange ist in den vergangenen zehn Jahren gestiegen und dominiert die globale Risikowahrnehmung (vgl.

Helmold et al. 2024: 1). Die Forderungen der Stakeholder hinsichtlich dieser Belange haben zugenommen. ESG kann als institutionalisierte, wirtschaftsnahe Ausprägung des übergeordneten Nachhaltigkeitsprinzips verstanden werden.

Der Nachhaltigkeitsgedanke ist auf Hans Carl von Carlowitz (1645–1714) zurückzuführen, der 1713 forderte, in der Waldbewirtschaftung nur so viel Holz zu nutzen, wie nachwachsen kann (vgl. Robin et al. 2013: 67 bis 68).

Mehr als 250 Jahre später wurde die Nachhaltigkeitsdebatte durch die Studie „Limits to Growth" (1972) angestoßen, die vor den langfristigen Folgen eines ungebremsten wirtschaftlichen Wachstums in einer Welt mit begrenzten Ressourcen warnt (vgl. Meadows et al. 1972: 23).

Der Brundtland-Bericht (1987) „Our Common Future" definiert Nachhaltigkeit als Entwicklung, die es der heutigen Generation erlaubt, ihre Bedürfnisse zu befriedigen, ohne dass den nachfolgenden Generationen die Möglichkeit genommen wird, ihre eigenen Bedürfnisse zu befriedigen (vgl. WCED 1987: 24).

Fünf Jahre später, 1992, wurden auf der UN-Konferenz für Umwelt und Entwicklung in Rio de Janeiro die Rio-Deklaration, die Agenda 21 und drei völkerrechtlich verbindliche Konventionen zum Klimaschutz, zum Schutz der Biodiversität und zur Bekämpfung der Wüstenbildung vereinbart (vgl. BMZ 2025). Dadurch setzten die Vertreter der 178 teilnehmenden Länder das Leitbild der nachhaltigen Entwicklung als globale handlungsleitende Maxime für Politik und Gesellschaft fest (vgl. BMZ 2025). Basis war die Erkenntnis, dass wirtschaftliche Effizienz, soziale Gerechtigkeit und die Sicherung der natürlichen Lebensgrundlage in Ergänzung zueinanderstehen (vgl. BMZ 2025). Die Rio-Deklaration definiert 27 Grundsätze zur Förderung einer nachhaltigen Entwicklung, bei der der Mensch im Vordergrund steht. Sie legt zudem fest, wie die Zusammenarbeit der Vereinten Nationen erfolgen soll, sodass eine nachhaltige Entwicklung gewährleistet werden kann (vgl. UN 1992: 4 bis 13). In der Agenda 21 sind explizite Handlungsfelder sowie detaillierte Handlungsaufträge für die folgenden vier Bereiche bestimmt, die zu mehr Nachhaltigkeit beitragen sollen (vgl. UN 1992: 1 bis 2):

1. Soziale und wirtschaftliche Dimension
2. Erhaltung und Bewirtschaftung der Ressourcen für die Entwicklung
3. Stärkung der Rolle wichtiger Gruppen
4. Mittel zur Umsetzung

Wenige Jahre nach der UN-Konferenz in Rio de Janeiro hat John Elkington 1994 den Ausdruck „triple bottom line“ geprägt. Demnach bedeutet eine nachhaltige Entwicklung das gleichzeitige Streben nach wirtschaftlichem Wohlstand, dem Schutz und Erhalt von Umwelt und Natur sowie sozialer Gerechtigkeit. Das World Business Council on Sustainable Development definiert den Ansatz wie folgt:

> *„Sustainable development involves the simultaneous pursuit of economic prosperity, environmental quality and social equity. Companies aiming for sustainability need to perform not against a single, financial bottom line but against the triple bottom line.“* (Rottke 2010: 30; zit. n. Jäger 2020: 42)

Der Deutsche Bundestag der 13. Wahlperiode setzte die Enquete-Kommission „Schutz des Menschen und der Umwelt“ ein, um einen gangbaren Weg, wie Nachhaltigkeit tatsächlich umgesetzt werden kann, zu erarbeiten (vgl. Deutscher Bundestag 1998: 3). Im Abschlussbericht der Kommission heißt es:

> *„Aufgrund der komplexen Zusammenhänge zwischen den drei Dimensionen bzw. Sichtweisen von Ökologie, Ökonomie und Sozialem müssen sie integrativ behandelt werden. Dabei geht es – bildhaft gesprochen – nicht um die Zusammenführung dreier nebeneinander stehender Säulen, sondern um die Entwicklung einer dreidimensionalen Perspektive aus der Erfahrungswirklichkeit. Die Diskussion tendiert dahin, Nachhaltigkeitspolitik als Gesellschaftspolitik zu interpretieren, die im Prinzip und auf lange Sicht alle genannten Dimensionen gleichberechtigt und gleichwertig behandelt“ (Deutscher Bundestag 1998: 18).*

Damit hat die Enquete-Kommission eine bedeutende Rolle bei der Weiterentwicklung des sogenannten Drei-Säulen-Modells der Nachhaltigkeit eingenommen.

2004 wurde dann erstmalig der Begriff ESG von dem United Nations Global Compact (UNGC) geprägt. Der UNGC ist die weltweit größte freiwillige Nachhaltigkeitsinitiative für Unternehmen, die im Jahr 2000 von den Vereinten Nationen ins Leben gerufen wurde, um verantwortungsvolles unternehmerisches Handeln zu fördern (vgl. UN Global Compact 2025). Mit mehr als 25.000 Teilnehmern aus über 167 Ländern setzt sich die Initiative für die Integration von Umwelt-, Sozial- und Governance-Themen ein. Sie ruft Unternehmen dazu auf, ihre Strategien und Tätigkeiten an zehn universellen Prinzipien in den Bereichen Menschenrechte, Arbeit, Umwelt und Korruptionsbekämpfung auszurichten und Maßnahmen zur Förderung gesellschaftlicher Ziele zu ergreifen (vgl. UN Global Compact 2025). In ihrem Bericht „Who cares wins“ heißt es: „A better inclusion of environmental, social and corporate governance (ESG) factors in investment decisions will ultimately contribute to more stable and predictable markets, which is the interest of all market actors" (UN Global Compact 2004: 3). Dies kennzeichnet die Geburtsstunde des ESG-Begriffs.

In den beiden ersten Jahrzehnten des 21. Jahrhunderts stieg das Bewusstsein für Nachhaltigkeitsthemen insgesamt stark an und brachte bis heute viele Vereinigungen, Initiativen und Vorhaben hervor. So ermutigte 2005 der damalige Generalsekretär der Vereinten Nationen, Kofi Annan, große institutionelle Investoren dazu, sich an der Entwicklung der Grundsätze für verantwortungsvolles Investieren zu beteiligen (vgl. PRI 2025). 2006 wurden die Principles for Responsible Investment (PRI) präsentiert, die es ermöglichen sollen, ESG-Themen in die Anlagepraxis zu integrieren (vgl. PRI 2025). Zum 31.03.2024 hat PRI 5.345 Unterzeichner, die gemeinsam ein verwaltetes Vermögen von 128,4 Billionen US-Dollar aufweisen. Darunter 335 Unterzeichner aus Deutschland und Österreich (vgl. PRI 2024: 17 bis 18).

Ein weiterer wichtiger Meilenstein war die von der UN-Generalversammlung im Jahr 2015 verabschiedete Resolution „Transforming our World: The 2030 Agenda for Sustainable Development", die mit den Sustainable Development Goals (SDGs) einen Referenzrahmen für nachhaltige Entwicklung bis 2030 darstellt (vgl. UN 2015: 3 bis 5). Mit 17 Zielen und 169 Unterzielen zu den Bereichen Armut, Bildung, Gleichstellung und Klimaschutz soll eine gerechtere, umweltverträglichere und zukunftsfähige globale Entwicklung gefördert werden, wobei Regierungen, Unternehmen und die Zivilgemeinschaft gemeinsam Verantwortung tragen müssen (vgl. UN 2015: 14 bis 27).

Im Folgejahr ist mit dem Pariser Klimaabkommen ein völkerrechtlich verbindlicher Vertrag zum Klimaschutz in Kraft getreten. Hauptziel ist, den Anstieg der globalen Durchschnittstemperatur auf deutlich unter 2 Grad Celsius und möglichst auf 1,5 Grad Celsius gegenüber dem vorindustriellen Niveau zu begrenzen (vgl. EU 2016: Art. 2 Abs. 1). Zudem sollen die Emissionen rasch gesenkt werden, um bis zur Jahrhundertmitte ein Gleichgewicht zwischen Ausstoß und Abbau von Treibhausgasen zu schaffen (vgl. EU 2016: Art. 4 Abs. 1).

Nächster Meilenstein war die Einführung der Global Reporting Initiative (GRI) Standards im Jahr 2016. Sie stellen den weltweit ersten modularen Rahmen für die freiwillige Offenlegung von Nachhaltigkeitsleistungen dar und lösten die früheren GRI-Leitlinien ab (vgl. GRI 2025a). Die Standards ermöglichen eine systematische, transparente und vergleichbare Berichterstattung über ökologische, soziale und ökonomische Auswirkungen und orientieren sich an den Informationsbedürfnissen verschiedener Stakeholder (vgl. GRI 2025c). Seit 2021 werden sie durch branchenspezifische Sektorenstandards ergänzt (vgl. GRI 2025b). Auch wenn für die Immobilienwirtschaft noch kein eigener Standard vorliegt, gelten die GRI-Standards als international anerkannter Referenzrahmen für ESG-Berichte.

2018 veröffentlichte die Europäische Kommission den Aktionsplan zur Finanzierung nachhaltigen Wachstums. Der Aktionsplan verfolgt drei Ziele (vgl. Europäische Kommission 2018: 3):

1. Umlenkung der Kapitalflüsse auf nachhaltige Investitionen, um ein dauerhaftes und integratives Wachstum zu erreichen.
2. Bewältigung der finanziellen Risiken, die sich aus Klimawandel, Naturkatastrophen, Umweltzerstörung und sozialen Problemen ergeben.
3. Förderung der Transparenz und Langfristigkeit in der Finanz- und Wirtschaftstätigkeit.

Der EU-Aktionsplan gilt als Instrument der Europäischen Union zur Umsetzung des Pariser Klimaabkommens und der SDGs (vgl. Europäische Kommission 2018: 1).

Im Dezember 2019 wurde der Europäische Green Deal in Anlehnung an den EU-Aktionsplan veröffentlicht, der das Ziel der Klimaneutralität Europas bis 2050 verfolgt (vgl. Europäische Kommission 2019: 2). Außerdem soll die EU eine faire und wohlhabende Gesellschaft mit einer modernen, ressourceneffizienten und wettbewerbsfähigen Wirtschaft werden (vgl. Europäische Kommission 2019: 2).

Um die Ziele des EU-Aktionsplans sowie des Europäischen Green Deals zu erreichen, wurde eine Vielzahl von Gesetzen, Verordnungen und Richtlinien in Deutschland und auf EU-Ebene erlassen.

Zwischenfazit

Die Entwicklung von der forstwirtschaftlichen Ursprungsidee bis zum ESG-Konzept zeigt die zunehmende Institutionalisierung des Nachhaltigkeitsbegriffs. ESG dient heute als unternehmensbezogener Rahmen zur Bewertung ökologischer, sozialer und governancebezogener Aspekte, der eng mit globalen Nachhaltigkeitszielen verknüpft ist. Die beschriebenen politischen, regulatorischen und gesellschaftlichen Entwicklungen im Bereich Nachhaltigkeit und ESG verdeutlichen die stark gestiegene Relevanz des Themas und zeigen, unter welchem Handlungsdruck nicht nur Politik und Gesellschaft, sondern auch Unternehmen seit geraumer Zeit stehen. Dieser Handlungsdruck ist auch in der Immobilienbranche angekommen.

2.3 ESG in der Immobilienbranche

Angesichts der erheblichen ökologischen und sozialen Aspekte der Immobilienwirtschaft sowie der wachsenden Relevanz nachhaltiger Unternehmensführung und verantwortungsvollen Handelns gewinnt ESG zunehmend an Bedeutung für einzelne Immobilien und Immobilienunternehmen.

Die Immobilienwirtschaft steht aufgrund einer hohen Ressourcennutzung, der Emissionsintensität und ihrer strukturellen Bedeutung für Gesellschaft und Wirtschaft im Fokus der ESG-Diskussion. Die Branche bietet hohe Einsparpotenziale, wodurch sie ein wichtiger Hebel in der Klimapolitik ist.

Neben der wirtschaftlichen Relevanz leisten Immobilien einen wesentlichen Beitrag zur Befriedigung grundlegender menschlicher Bedürfnisse, weshalb sie eine zentrale Rolle in unserer Gesellschaft einnehmen. Sie erfüllen physiologische- und Sicherheitsbedürfnisse, etwa durch die Bereitstellung von Wohnraum, Schutz vor Witterung und Kälte sowie den Zugang zu Trinkwasser und sanitären Einrichtungen. Immobilien wie Kliniken, Apotheken oder Supermärkte übernehmen elementare Schutz- und Überlebensfunktionen. Darüber hinaus können Immobilien soziale Bedürfnisse unterstützen, beispielsweise durch gemeinschaftsfördernde Nachbarschaften oder als Orte für Bildung und Kultur. Individualbedürfnisse sowie das Streben nach Selbstverwirklichung lassen sich etwa über Wohnungseigentum als Ausdruck wirtschaftlicher Sicherheit oder durch die Möglichkeit zur architektonischen Gestaltung und alternativen Wohnformen realisieren (vgl. Maslow 1943: 372 bis 383).

Obwohl dem Thema in der Branche so viel Aufmerksamkeit zukommt, gibt es keine einheitliche Definition einer „nachhaltigen Immobilie“ und keinen einheitlichen und vollumfassenden Standard zur Messung und Bewertung des Grads der Nachhaltigkeit einer Immobilie (vgl. Fuerst/Dalton 2019: 175; Gromer 2012: XXVIII; Schäfer/Litzner 2005: 771).

Es haben sich jedoch mehrere Zertifikate etabliert, die die ESG-Leistungen von Gebäuden oder Immobilienportfolios optimieren und transparent sowie ein Stück weit vergleichbar machen. Betrachtet man diese Zertifikate, erlangt man ein gutes Verständnis über die Berücksichtigung und Bedeutung von ESG-Kriterien in der Immobilienbranche sowie über potenzielle Umsetzungsmaßnahmen.

In der deutschen Immobilienwirtschaft gelten die folgenden Nachhaltigkeitszertifikate als besonders relevant (vgl. Mösle et al. 2017: 147):

- Deutsches Gütesiegel für Nachhaltiges Bauen (DGNB)
- Leadership in Energy and Environmental Design (LEED)
- Building Research Establishment's Environmental Assessment Method (BREEAM)

Um dem Leser einen Zugang zur Bedeutung von ESG-Kriterien in der Immobilienwirtschaft zu ermöglichen und eine Grundlage für das später in dieser Arbeit zu entwickelnde Modell zu schaffen, wird das DGNB als deutsches Zertifikat detailliert vorgestellt. LEED und BREEAM werden ebenfalls kurz dargestellt. Mit diesen drei Zertifizierungsanbietern wird eine kleine, aber repräsentative Auswahl der in der Branche vorhandenen Zertifikate abgedeckt.

DGNB

DGNB stammt von der Deutschen Gesellschaft für Nachhaltiges Bauen, die 2007 gegründet wurde und heute mit mehr als 2.800 Mitgliedsorganisationen Europas größtes Netzwerk für nachhaltiges Bauen ist (vgl. DGNB 2025a).

Das Zertifizierungssystem berücksichtigt unterschiedliche Nutzungstypen und Lebenszyklusphasen und kann für Neubauten sowie Bestandsgebäude angewendet werden. Die zugrunde liegenden Kriterien unterscheiden sich in Abhängigkeit vom zu bewertenden Objekt. Auch Zertifizierungen von Quartiersentwicklungen, Außenräumen oder Baustellen sind mithilfe eines eigenständigen Kriterienkatalogs möglich (vgl. DGNB 2025b).

Der DGNB-Kriterienkatalog „Gebäude Neubau“ (Version 2023, 3. Auflage) sowie der Kriterienkatalog „Gebäude im Betrieb“ (Version 2020, 2. Auflage) werden näher betrachtet. Alle Kriterienkataloge „Gebäude Neubau“ unterliegen derselben Grundstruktur des DGNB-Systems, das die folgende Abbildung 2.1 zeigt:

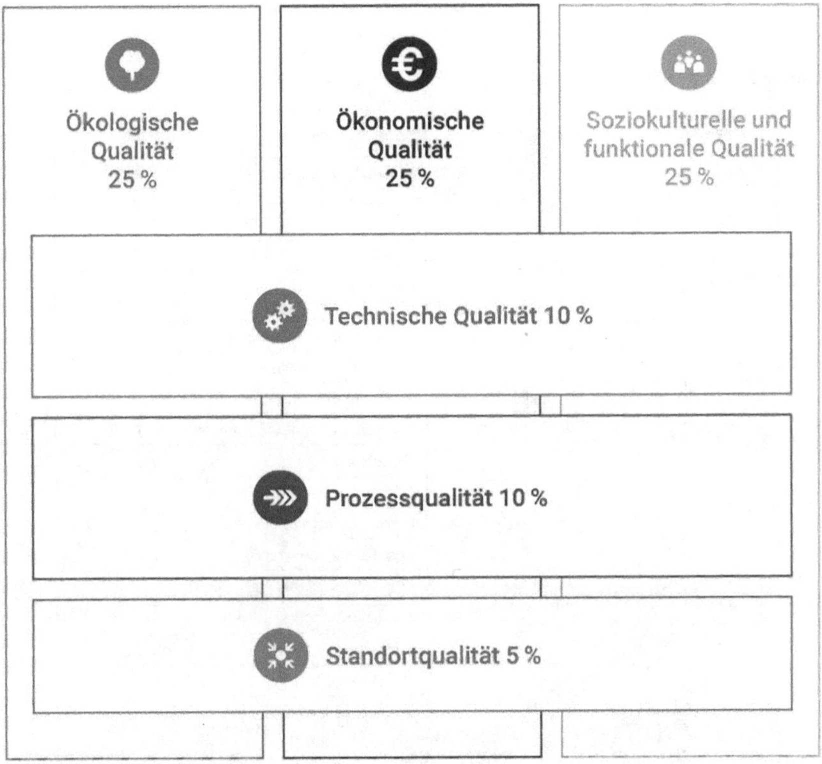

Abbildung 2.1 Grundstruktur des DGNB-Systems. (Quelle: Entnommen aus DGNB 2023: 13)

Demnach wird das bekannte Dreisäulenmodell um technische, Prozess- und Standortqualität ergänzt. Hervorzuheben ist, dass das DGNB den ökonomischen Aspekt nicht gegenüber dem ökologischen und sozialen Aspekt hervorhebt, sondern diesen die gleiche Gewichtung zumisst. Damit grenzt sich das DGNB insbesondere von LEED und BREEAM ab.

Folgende Tabelle 2.1 zeigt eine Übersicht der Kriterien für Neubauten.

Tabelle 2.1 DGNB-Kriterien für Neubau

Themenfeld	Kriteriengruppe	Kriterienbezeichnung
Ökologische Qualität	Wirkungen auf globale und lokale Umwelt	Klimaschutz und Energie
		Risiken für die lokale Umwelt
		Verantwortungsbewusste Ressourcengewinnung
	Ressourceninanspruch-nahme und Abfallaufkommen	Trinkwasserbedarf und Abwasseraufkommen
		Flächeninanspruchnahme
		Biodiversität am Standort
Ökonomische Qualität	Lebenszykluskosten	Gebäudebezogene Kosten im Lebenszyklus
	Wertentwicklung	Wertstabilität und Anpassungsfähigkeit
		Klimaresilienz
		Dokumentation
Soziokulturelle und funktionale Qualität	Gesundheit, Behaglichkeit und Nutzerzufriedenheit	Thermischer Komfort
		Innenraumluftqualität
		Schallschutz und akustischer Komfort
		Visueller Komfort
		Aufenthaltsqualitäten innen und außen
	Funktionalität	Barrierefreiheit
Technische Qualität	Qualität der technischen Ausführung	Qualität der Gebäudehülle
		Einsatz und Integration von Gebäudetechnik
		Zirkuläres Bauen
		Mobilitätsinfrastruktur
Prozessqualität	Qualität der Planung	Qualität der Projektvorbereitung
		Sicherung der Nachhaltigkeitsaspekte in Ausschreibung und Vergabe
		Verfahren zur städtebaulichen und gestalterischen Konzeption
	Qualität der Bauausführung	Baustelle/Bauprozess
		Geordnete Inbetriebnahme
		Vorbereitung einer nachhaltigen Nutzung
Standortqualität	Standortqualität	Mikrostandort
		Verkehrsanbindung
		Nähe zu nutzungsrelevanten Objekten und Einrichtungen.

(Quelle: Eigene Darstellung, vgl. DGNB 2023: 14 bis 15)

Dieser Kriterienkatalog zeigt umfassend, welche ESG-Kriterien für den Neubau von Immobilien als einschlägig und relevant angesehen werden können.

Die verschiedenen Kriterien haben eine unterschiedlich starke Gewichtung, indem ihnen bei der Bewertung unterschiedliche Bedeutungsfaktoren (zwischen null und zehn) zugeordnet werden. Die Bedeutungsfaktoren werden je nach Assetklasse teilweise unterschiedlich gewichtet, wodurch die einzelnen Kriterien unterschiedliche Anteile an der Gesamtbewertung einnehmen. Dem Kriterium „Klimaschutz und Energie“ wird mit dem Bedeutungsfaktor zehn die höchste Gewichtung zugeordnet, was einen Anteil an der Gesamtbewertung von 9,6 % bis 10,4 % je nach Assetklasse bedeutet. Zweitstärkste Gewichtung hat das Kriterium „Risiken für die lokale Umwelt“ mit einem Bedeutungsfaktor von fünf. Alle anderen Kriterien werden mit einem Bedeutungsfaktor zwischen null und vier bewertet. Die Abweichungen der Bedeutungsfaktoren desselben Kriteriums sind zwischen den einzelnen Assetklassen sehr gering (vgl. DGNB 2023: 16 bis 17).

Aus Vergleichsgründen folgt nachstehend die Kriterienübersicht des DGNB-Kriterienkatalogs für Gebäude im Betrieb (Tabelle 2.2)..

Tabelle 2.2 DGNB-Kriterien für Gebäude im Betrieb

Themenfeld	Kriterienbezeichnung
Ökologische Qualität	Klimaschutz- und Energie
	Wasser
	Wertstoffmanagement
Ökonomische Qualität	Betriebskosten
	Risikomanagement und Werterhalt
	Beschaffung und Bewirtschaftung
Soziokulturelle und funktionale Qualität	Innenraumkomfort
	Nutzerzufriedenheit
	Mobilität

(Quelle: Eigene Darstellung, vgl. DGNB 2020: 13)

Hier sind die Themenfelder wie folgt gewichtet (vgl. DGNB 2020: 13):

- Ökologische Qualität: 40 %
- Ökonomische Qualität: 30 %
- Soziokulturelle und funktionale Qualität: 30 %

Innerhalb dieser Gewichtung weist auch hier das Kriterium „Klimaschutz und Energie“ mit 30 % der Gesamtgewichtung den höchsten Anteil auf (vgl. DGNB 2020: 13).

Das DGNB-System legt besonderen Wert auf eine kontinuierliche Verbesserung und eine langfristige Optimierung der Gebäudeperformance. Daher werden Gebäude im Betrieb regelmäßig überprüft und gegebenenfalls müssen Anpassungen hinsichtlich Energieverbrauch, CO_2-Emissionen, Wasserverbrauch, Abfallmengen, Betriebskosten und Innenraumkomfort erfolgen (vgl. DGNB 2020: 19 bis 20).

Die Deutsche Gesellschaft für Nachhaltiges Bauen vergibt Zertifikate basierend auf dem Gesamterfüllungsgrad, der sich aus den gewichteten Kriterien zusammensetzt. Die Zertifizierung erfolgt in folgenden Stufen, je nach Erfüllungsgrad (vgl. DGNB 2023: 18):

- Bronze ab 35 %
- Silber ab 50 %
- Gold ab 65 %
- Platin ab 80 %

In den drei Hauptthemen Ökologie, Ökonomie und soziokulturelle Qualität muss jeweils ein Mindesterfüllungsgrad erreicht werden, um eine der folgenden Auszeichnungen zu erhalten (vgl. DGNB 2023: 18):

- Silber mindestens 35 %
- Gold mindestens 50 %
- Platin mindestens 65 %

Gebäude, die Gold- oder Platinstatus erreichen und eine besonders herausragende Architektur aufweisen, können zusätzlich den DGNB-Diamanten als Auszeichnung für gestalterische und baukulturelle Qualität erhalten (vgl. DGNB 2023: 18).

BREEAM

BREEAM ist das älteste Zertifizierungssystem der Branche, das 1990 in Großbritannien entwickelt wurde. BREEAM ist das weltweit am weitesten verbreitete Bewertungsverfahren (vgl. Veith et al. 2021: 274; Jäger 2020: 194 bis 195).

Ziel ist hier, die Umweltauswirkungen von Gebäuden zu reduzieren, die Lebensqualität der Nutzer zu verbessern und den Wert von Immobilien langfristig zu steigern.

BREEAM differenziert in vier Zertifizierungssystene (vgl. BREEAM 2025):

- BREEAM New Construction (Neubau)
- BREEAM Refurbishment & Fit Out (Sanierung, Umbauten und Innenausbauten)
- BREEAM In-Use (In Betrieb)
- BREEAM Communities (städtebauliche Entwicklungsprojekte)

Alle vier Zertifizierungssysteme betrachten folgende Bewertungskriterien (vgl. BREEAM 2025):

- Management
- Wasser
- Energie
- Transport
- Gesundheit und Wohlbefinden
- Ressourcen
- Widerstandsfähigkeit
- Landnutzung und Ökologie
- Verschmutzung
- Material
- Abfall
- Innovation

Die BREEAM-Bewertung erfolgt in sechs Stufen, in Abhängigkeit des erreichten Scores (vgl. BREEAM 2025):

- nicht klassifiziert $< 30\ \%$
- befriedigend $\geq 30\ \%$
- gut $\geq 45\ \%$
- sehr gut $\geq 55\ \%$
- exzellent $\geq 70\ \%$
- herausragend $\geq 85\ \%$

LEED

LEED ist ein vom US Green Building Council gegründetes, US-amerikanisches und weltweit verbreitetes Zertifizierungssystem.

LEED verfolgt folgende Ziele (vgl. LEED 2025a):

- Bessere Gebäude erschaffen, die ihren Beitrag zur Minderung des Klimawandels leisten.
- Die Gesundheit der Menschen verbessern.
- Wasserressourcen schützen und wiederherstellen.
- Biologische Vielfalt sowie Ökosysteme schützen.
- Nachhaltige, regenerative Stoffkreisläufe fördern.
- Die Lebensqualität der Gemeinschaft verbessern.

Betrachtet man alle LEED-Kategorien, beziehen sich 35 % auf den Klimawandel, 20 % auf die menschliche Gesundheit, 15 % auf die Wasserressourcen, 10 % auf die biologische Vielfalt, 10 % auf die grüne Wirtschaft und 5 % auf die Gemeinschaft (vgl. LEED 2025a).

LEED kann angewendet werden auf (vgl. LEED 2025b):

- Neubauten
- Bestandsgebäude
- Innenräume
- Wohngebäude
- Gemeinschaften
- Städte

Dafür existieren verschiedene Rating-Systeme, je nach Gebäudetyp und Nutzung.

Die Hauptkategorien unterscheiden sich nur geringfügig, weshalb sie hier nutzungsklassenübergreifend aufgelistet werden (vgl. LEED 2025c):

- Standort und Verkehr
- Nachhaltige Standorte
- Wassereffizienz
- Energie und Atmosphäre
- Materialien und Ressourcen
- Innenraumqualität
- Innovation
- Regionale Prioritäten

Die Wertung des LEED-Zertifikats erfolgt in vier Stufen (vgl. LEED 2025b):

- Zertifiziert 40–49 Punkte
- Silber 50–59 Punkte

– Gold 60–79 Punkte
– Platin ab 80 Punkten

Im Folgenden werden die drei einschlägigen Zertifikate übergreifend zusammengefasst. Die nachfolgende tabellarische Übersicht zeigt, welche ESG-Kriterien in den jeweiligen Zertifikaten adressiert werden. Durch den Vergleich lassen sich inhaltliche Überschneidungen erkennen, die Rückschlüsse auf zentrale, zertifikatsübergreifende ESG-Kriterien zulassen. Die Einordnung erfolgt entlang der drei ESG-Dimensionen (Tabelle 2.3).

Tabelle 2.3 Überblick relevanter ESG-Kriterien in ESG-Zertifikaten

ESG-Dimension	Kriterium	Zertifikate
Environmental	Klimaschutz und Energie	DGNB, LEED, BREEAM
	Wasserverbrauch; Wassermanagement	DGNB, LEED, BREEAM
	Ressourcenschonung und Materialeinsatz	DGNB, LEED, BREEAM
	Abfall- und Wertstoffmanagement	DGNB, LEED, BREEAM
	Flächeninanspruchnahme	DGNB, BREEAM
	Biodiversität	DGNB, BREEAM
Social	Barrierefreiheit und Mobilität	DGNB, LEED, BREEAM
	Nutzerzufriedenheit	DGNB, LEED
	Innenraumluftqualität	DGNB, LEED
	Thermischer Komfort	DGNB
Governance	Planungs- und Bauprozessqualität	DGNB, BREEAM
	Risikomanagement und Werterhalt	DGNB
	Nachhaltige Beschaffung und Betrieb	DGNB

(Quelle: Eigene Darstellung, vgl. Tabellen 1 und 2)

Im Bereich „Environmental“ stehen Klimaschutz, Energieeffizienz sowie ein verantwortungsvoller Umgang mit Wasser, Materialien und Abfall im Vordergrund. Die „Social“- Dimension wird insbesondere durch Anforderungen an eine mobilitätsgerechte Ausgestaltung sowie thermischen Komfort, Luftqualität, Nutzerzufriedenheit und Barrierefreiheit abgebildet. Im Bereich „Governance“ sind Aspekte wie die Qualität der Planungs- und Ausführungsprozesse, das Risikomanagement und die nachhaltige Betriebsführung zentrale Bezugspunkte. Die Betrachtung der einschlägigen Zertifikate ermöglicht ein tiefgreifendes Verständnis für die Bedeutung von ESG in der Immobilienwirtschaft und bildet zugleich eine solide Grundlage für die Modellbildung und die durchzuführenden Untersuchungen dieser Arbeit.

An dieser Stelle soll dem Leser zusätzlich ein Überblick zur einschlägigen ESG-Regulatorik ermöglicht werden, um die Relevanz von ESG noch umfassender nachvollziehen zu können. Deutschland und die EU haben in den vergangenen Jahren einen umfangreichen Rechtsrahmen aufgebaut, um die Ziele des EU-Aktionsplans sowie des europäischen Green Deals zu erreichen.

Der europäische Green Deal ist eine Wachstumsstrategie, „mit der die EU zu einer fairen und wohlhabenden Gesellschaft mit einer modernen, ressourceneffizienten und wettbewerbsfähigen Wirtschaft werden soll, in der im Jahr 2050 keine Netto-Treibhausgasemissionen mehr freigesetzt werden und das Wirtschaftswachstum von der Ressourcennutzung abgekoppelt ist“ (Europäische Kommission 2019: 2).

Die folgenden rechtlichen Vorgaben sind aufgrund ihrer Relevanz für die Immobilienwirtschaft hervorzuheben.

Europäisches Klimagesetz

Das Europäische Klimagesetz (Verordnung (EU) 2021/1119) setzt die Ziele des Green Deals in verbindliches Recht um und verpflichtet die EU-Mitgliedstaaten bis 2030 mindestens 55 % Emissionsreduktion und bis 2050 Klimaneutralität zu erreichen (vgl. EU 2021: Artt. 2 Abs. 1, 4 Abs. 1). Das Gesetz fungiert als Dachgesetz, das die Klimaziele vorschreibt und branchenübergreifend Relevanz hat. Auf Grundlage des Klimagesetzes wurde das Maßnahmenpaket „Fit for 55“ von der Europäischen Kommission vorgelegt, zur Umsetzung des 55 %-Ziels (vgl. Rat der Europäischen Union 2025).

Europäische Emissionshandelsrichtlinie für Gebäude und Verkehr

Die Europäische Emissionshandelsrichtlinie für Gebäude und Verkehr (Richtlinie (EU) 2023/959), kurz ETS II, ist ein neues Emissionshandelssystem für Gebäude und Verkehr sowie weitere Sektoren (vgl. EU 2023a: Art. 1 Nr.1 bis 2, 29). Sie ergänzt die ETS I der Sektoren Energie, Industrie und Luftfahrt. Ziel ist die Reduktion der Treibhausgasemissionen in den bislang nicht vom ETS I erfassten Bereichen (vgl. Schrems et al. 2023: 1 bis 2). Das System verpflichtet Inverkehrbringer fossiler Brennstoffe zur Weitergabe von CO_2-Kosten über Preissignale (vgl. Schrems et al. 2023: 3). In Deutschland erfolgt die schrittweise Umsetzung über das Brennstoffemissionshandelsgesetz (BEHG), das 2027 in ETS II überführt wird (vgl. §§ 1, 24 Abs. 1 BEHG). Für die Immobilienwirtschaft bedeutet dies signifikante Auswirkungen auf die Betriebskosten fossiler Heizsysteme, insbesondere im Bestand (vgl. Schrems et al. 2023: 2, 4 bis 5). Somit verschärft die Einbindung in ein Preissystem die Anforderungen, energetisch nicht sanierte Gebäude ESG-konform weiterzuentwickeln (vgl. Schrems et al. 2023: 4). Das ETS II fungiert nicht nur als ökonomischer Anreiz, sondern auch als regulatorischer Hebel zur Dekarbonisierung des Gebäudesektors mit spürbaren Konsequenzen für die Immobilienbranche.

Europäische Energieeffizienzrichtlinie

Zentrales Ziel der Europäischen Energieeffizienzrichtlinie, kurz EED, (Richtlinie (EU) 2023/1791) ist es, den Energieverbrauch bis 2030 erheblich zu senken (vgl. EU 2023b: Art. 1 Abs. 1). End- und Primärenergieverbrauch sollen auf 763 bzw. 992,5 Mio. Tonnen Rohöleinheiten begrenzt werden. Dies entspricht einer Reduzierung von mindestens 11,7 % gegenüber den Projektionen des EU-Referenzszenarios 2020 (vgl. EU 2023b: Art. 4 Abs. 1). Diese Richtlinie wurde im Wesentlichen durch das Energieeffizienzgesetz (EnEfG) in deutsches Recht überführt (vgl. BAFA 2025: 6). Hauptziel des EnEfG ist die Steigerung der Energieeffizienz, die Reduktion des Primär- und Endenergieverbrauchs in Deutschland sowie die Verringerung der Abhängigkeit von fossilen Energien und eine Verbesserung der Versorgungssicherheit (vgl. § 1 Abs. 1 EnEfG). Diese neue Gesetzgebung verpflichtet Unternehmen mit einem durchschnittlichen Gesamtenergieverbrauch von mehr als 7,5 Gigawattstunden pro Jahr zur Einführung von Energie- oder Umweltmanagementsystemen und zur Veröffentlichung wirtschaftlicher Energieeinsparmaßnahmen (vgl. BAFA 2025: 10 bis 11; §§ 8 bis 9 EnEfG). Zusätzlich muss entstehende Abwärme identifiziert, genutzt und transparent gemeldet werden (vgl. §§ 16 bis 17 EnEfG). Für öffentliche Gebäude gelten strengere Sanierungspflichten, Verbrauchstransparenz und eine Vorbildfunktion (vgl. EU 2023b: Erwägungsgrund 33, 42). Die Umsetzung erfordert hohe administrative und finanzielle Aufwände, qualifiziertes Fachpersonal sowie robuste Datenprozesse (vgl. EU 2023b: Erwägungsgrund 25, 54). Besonders herausfordernd sind Zielkonflikte zwischen Mieter und Vermieter, komplexe Wirtschaftlichkeitsbewertungen sowie der Finanzierungsbedarf (vgl. EU 2023b: Art.

22 Abs. 9, Erwägungsgrund 17, 25). Bei Nichteinhaltung drohen Bußgelder (vgl. BAFA 2025: 17 bis 19).

Europäische Gebäuderichtlinie

Die Europäische Gebäuderichtlinie, kurz EPBD, (Richtlinie (EU) 2024/1275) zielt auf eine vollständige Dekarbonisierung des europäischen Gebäudebestands bis 2050 ab (vgl. EU 2024: Art. 1 Abs. 1). Die Richtlinie fordert Null-Emissions-Neubauten ab 2028 für den öffentlichen und ab 2030 für den privaten Sektor sowie Mindest-Energieeffizienzstandards und Sanierungsziele für Bestandsgebäude (vgl. EU 2024: Artt. 5 Abs. 1, 7 Abs. 1, 8 Abs. 1). Die Richtlinie wurde in Deutschland primär mit dem Gebäudeenergiegesetz (GEG) umgesetzt. Es verpflichtet zur Nutzung erneuerbarer Energien beim Heizen. Ab dem 01.01.2024 muss jede neu eingebaute Heizung mindestens 65 % mit erneuerbaren Energien betrieben werden, im Neubau und im Bestand (vgl. BMWK 2023: 6; § 71 Abs. 1 GEG). Bestehende Heizungen dürfen weiterhin betrieben und kaputte repariert werden (vgl. BMWK 2023: 1). Das Gesetz ist technologieoffen, wodurch es verschiedene Möglichkeiten gibt, die 65 %-Quote zu erreichen, beispielsweise durch einen Anschluss an ein Wärmenetz, solarthermische Anlagen, Biomasseheizungen, Wärmepumpen-Hybridheizungen, etc. (vgl. §§ 71 bis 73 GEG). Das GEG sieht finanzielle Förderungen sowie Regeln zu Übergangs- und Härtefallregelungen vor (vgl. §§ 89 bis 91, 102, 110 bis 115 GEG). Diese neuen Anforderungen erhöhen den Investitionsdruck auf Eigentümer, insbesondere bei energetisch ineffizienten Bestandsgebäuden (vgl. EU 2024: Erwägungsgrund 24). Gleichzeitig steigen Komplexität und Kosten für Planung, Betrieb und Dokumentation, was zu strukturellen Veränderungen in Asset-Strategien und Portfoliosteuerung führen kann.

Europäische Erneuerbare-Energien-Richtlinie

Die Europäische Erneuerbare-Energien-Richtlinie (RED III) wurde zuletzt durch die RL (EU) 2023/2413 novelliert und bildet den zentralen Rechtsrahmen zur Förderung von Strom, Wärme und Kraftstoffen aus erneuerbaren Quellen (vgl. EU 2023c: Erwägungsgrund 1 bis 2). Bis 2030 sollen mindestens 42,5 % des Endenergieverbrauchs EU-weit durch erneuerbare Energien gedeckt werden (vgl. EU 2023c: Art. 1 Nr. 2a). Im Gebäudesektor fordert die Richtlinie einen steigenden Anteil erneuerbarer Wärmequellen, die verstärkte Nutzung von Solarenergie auf Gebäuden sowie eine schnellere Genehmigung von Photovoltaikanlagen (vgl. EU 2023c: Erwägungsgrund 16 bis 17, Art. 1 Nr. 6, 7). In Deutschland erfolgte die Umsetzung insbesondere durch das Erneuerbare-Energien-Gesetz (EEG) sowie das GEG und das EnEfG. Die beiden letzten wurden bereits vorgestellt. Das EEG regelt die Förderung und Marktintegration erneuerbarer Stromquellen (vgl. § 1 Abs. 1 bis 2 EEG). Die Novelle EEG 2023 legt konkrete Ausbauziele von mindestens 80 % Anteil erneuerbarer Energien am Bruttostromverbrauch bis 2030 fest und schreibt Smart-Meter-Pflichten vor (vgl. §§ 1 Abs. 2, 4, 4a, 10a, 10b EEG). Für die Immobilienwirtschaft ergeben sich daraus sowohl Investitionschancen aber auch Umsetzungszwänge. Der Druck, auf eine Versorgung mit erneuerbaren Energien umzusteigen, steigt deutlich. Insbesondere bei Neubauten und größeren Bestandsanpassungen. Zugleich gewinnen Eigenverbrauchsmodelle und Standortfaktoren an strategischer Bedeutung.

Europäische Energiesteuerrichtlinie

Die Europäische Energiesteuerrichtlinie (Richtlinie (EU) 2003/96) verpflichtet Mitgliedstaaten zur Besteuerung von Heiz-, Kraftstoffen und elektrischem Strom (vgl. EU-Rat 2003: Artt. 1 bis 2). Ziel ist die Internalisierung externer Umweltkosten durch Mindeststeuersätze. Die Richtlinie erlaubt Steuerermäßigungen unter anderem für Strom aus erneuerbaren Quellen und Kraft-Wärme-Kopplung (vgl. EU-Rat 2003: Art. 15). In Deutschland wurde diese Richtlinie durch das Energiesteuergesetz (EnergieStG) umgesetzt. Es legt Steuersätze für Energieerzeugnisse wie Erdgas, Heizöl und Kohle fest und regelt Entlastungen für bestimmte Verwendungen (vgl. §§ 2, 24 bis 30 EnergieStG). Für die Immobilienwirtschaft ergeben sich erhebliche Auswirkungen auf die Betriebskostenstruktur und Investitionsentscheidungen, um gezielt einen Entlastungstatbestand nutzen zu können (vgl. §§ 45 bis 60 EnergieStG). Fehlerhafte Einstufungen oder Zweckentfremdungen können zu Nachforderungen und Bußgeldern führen (§§ 61 bis 66c EnergieStG). Die Energiesteuer wirkt doppelt. Als Kostenfaktor bei fossilen Heizsystemen und steuerlicher Hebel für die Umstellung auf effiziente, dezentrale und emissionsarme Versorgungslösungen, ein zentraler Aspekt für ESG-konforme Immobilienstrategien.

Europäische Taxonomieverordnung

Mit der EU-Taxonomie-Verordnung (Verordnung (EU) 2020/852) wurde im Jahr 2020 ein einheitliches Klassifikationssystem für ökologisch nachhaltige Wirtschaftstätigkeiten etabliert, das seit Januar 2022 schrittweise Anwendung findet (vgl. EU 2020: Artt. 1 Abs. 1, 27 Abs. 2). Die Verordnung adressiert Finanzmarktteilnehmer, Emittenten sowie Unternehmen, die zur nichtfinanziellen Berichterstattung verpflichtet sind und verlangt die Offenlegung des Anteils an taxonomiekonformen Umsätzen, Investitions- und Betriebsausgaben (vgl. EU 2020: Artt. 1 Abs. 2, 8 Abs. 1 bis 2).

Eine Wirtschaftstätigkeit gilt als ökologisch nachhaltig, wenn sie vier Bedingungen erfüllt (vgl. EU 2020: Art. 3 i.V.m. Artt. 9 bis 15, 17 bis 18):

- Einen substanziellen Beitrag zu mindestens einem der sechs Umweltziele leistet.
- Keine signifikante Beeinträchtigung anderer Umweltziele verursacht (Do No Significant Harm Prinzip).
- Mindeststandards im Bereich Soziales und Menschenrechte wahrt.
- Technische Bewertungskriterien erfüllt.

Für die Immobilienwirtschaft bedeutet dies, dass insbesondere Projektentwickler und Bestandshalter künftig detailliert dokumentieren sollten, inwiefern Neubau-, Sanierungs- oder Betriebsmaßnahmen den technischen Kriterien der Taxonomie genügen. So sind beispielsweise energetische Schwellenwerte einzuhalten, Lebenszyklusbetrachtungen durchzuführen und Beiträge zur Klimaanpassung nachzuweisen. Nichtkonformität kann sich dabei negativ auf Finanzierungskonditionen, Investorennachfrage und die langfristige Wettbewerbsfähigkeit auswirken.

Europäische Offenlegungsverordnung

Die Verordnung (EU) 2019/2088 über nachhaltigkeitsbezogene Offenlegungspflichten im Finanzdienstleistungssektor, kurz SFDR, stellt eine zentrale Säule des EU-Aktionsplans dar und ist seit März 2021 in Kraft (vgl. EU 2019: Artt. 1, 20 Abs. 2). Als unmittelbar geltendes EU-Recht verpflichtet sie Finanzmarktteilnehmer zur Offenlegung von Informationen über Nachhaltigkeitsrisiken und nachhaltige Investitionen, auf Unternehmens- und Produktebene (vgl. BaFin 2025). Die unternehmensbezogenen Offenlegungspflichten betreffen insbesondere Strategien zum Umgang mit Nachhaltigkeitsrisiken, die Berücksichtigung wesentlicher nachteiliger Auswirkungen sowie Angaben zur Vergütungspolitik (vgl. EU 2019: Artt. 3 bis 5). Ab einer Unternehmensgröße von mehr als 500 Mitarbeitenden ist die Veröffentlichung eines Principal Adverse Impacts Statements (PAI-Statement) verpflichtend (vgl. EU 2019: Art. 4 Abs. 3 bis 4). Auf Produktebene differenziert die SFDR zwischen Finanzprodukten, die keine nachteiligen Nachhaltigkeitsmerkmale aufweisen, solchen mit ökologischen oder sozialen Merkmalen und solchen, die eine nachhaltige Investition im Sinne der Taxonomie-Verordnung anstreben (vgl. EU 2019: Artt. 6, 8 bis 9). Die beiden Letzteren unterliegen weitreichenden Offenlegungs- und Berichtspflichten, insbesondere zur Darstellung der Taxonomie-Konformität nach Artikel 5 bis 7 der EU-Taxonomie-Verordnung (vgl. EU 2019: Artt. 10 bis 11). Sobald ein Finanzprodukt Immobilien als Vermögensgegenstand einbezieht, etwa über Fonds, muss deren ökologische Nachhaltigkeit bewertet und gegebenenfalls offengelegt werden. Daher entsteht für die Finanzmarktteilnehmer ein konkreter Datenbedarf gegenüber der Immobilienwirtschaft. Projektentwickler, Bestandshalter und Asset Manager werden zur vorgelagerten Informationsquelle für eine ESG-konforme Klassifizierung und Berichtspflicht auf Ebene der Finanzprodukte. Das führt zu einem strukturellen Bedeutungszuwachs präziser ESG-Daten auf Objektebene und erhöht die Notwendigkeit zur durchgängigen ESG-Dokumentation über alle Phasen des Immobilienlebenszyklus hinweg.

Europäische Richtlinie zur Nachhaltigkeitsberichterstattung

Die Corporate Sustainability Reporting Directive, kurz CSRD, (RL (EU) 2022/2464) hat das Ziel, die Qualität, Transparenz und Vergleichbarkeit der Nachhaltigkeitsberichterstattung von Unternehmen innerhalb der EU erheblich zu verbessern (vgl. EU 2022: Art. 1). Sie ersetzt die bislang geltende Non-Financial Reporting Directive und verpflichtet mehr Unternehmen zur standardisierten ESG-Berichterstattung im Lagebericht (vgl. EU 2022: Art. 1 Nr. 4). Die Berichterstattung erfolgt nach dem Prinzip der doppelten Wesentlichkeit. Unternehmen müssen offenlegen, wie Nachhaltigkeitsaspekte auf ihre wirtschaftliche Lage wirken und welche Auswirkungen ihre Geschäftstätigkeit auf Umwelt, Gesellschaft und Governance-Faktoren hat (vgl. EU 2022: Art. 1 Nr. 4, 6). Die CSRD gilt stufenweise für große kapitalmarktorientierte Unternehmen (ab 2025), alle großen Kapitalgesellschaften (ab 2026), kapitalmarktorientierte kleine und mittelständische Unternehmen (ab 2027) sowie Drittlandunternehmen mit wesentlichen Umsätzen in der EU (ab 2029) (vgl. EU 2022: Art. 1 Nr. 4). Die Offenlegung umfasst Ziele zu Emissionsminderung, Nachhaltigkeitsstrategien, Due-Diligence-Prozessen, Lieferkettenrisiken, sozialen Belangen und Governance-Aspekten. Dabei müssen auch klimabezogene Kennzahlen sowie die Taxonomie-Quote angegeben werden (vgl. EU 2022: Art. 1 Nr. 8). Zur Umsetzung in nationales Recht hat das Bundesministerium der Justiz einen Referentenentwurf zur Änderung zahlreicher Gesetze vorgelegt (vgl. BMJ 2024). Die bisherigen nichtfinanziellen Erklärungen werden durch einen prüfpflichtigen Nachhaltigkeitsbericht im Lagebericht ersetzt, der nach den European Sustainability Reporting Standards (ESRS) zu erstellen ist (vgl. BMJ 2024: 1, 118). Auch nicht direkt berichtspflichtige Immobilienunternehmen müssen künftig ESG-Daten strukturiert und prüfbar bereitstellen, wenn sie Teil der Wertschöpfung von berichtspflichtigen Investoren sind. Die CSRD erhöht ähnlich wie die SFDR die Anforderungen an die ESG-Datenverfügbarkeit, -qualität und -prüfbarkeit mit dem Unterschied, dass im Rahmen der CSRD Immobilienunternehmen auch direkt betroffen sein können.

Europäisches Omnibus-Paket zur Nachhaltigkeitsberichterstattung

Angesichts der regulatorischen Komplexität hat die Europäische Kommission mit dem sogenannten Omnibus-Paket einen Schritt zur Vereinfachung und Harmonisierung zentraler ESG-Vorschriften unternommen. Ziel ist es, ein investitionsfreundlicheres Umfeld zu schaffen, ohne die Ambitionen des europäischen Green Deals zu schwächen (vgl. Europäische Kommission 2025a: 3). Die geplanten Änderungen betreffen unter anderem die CSRD, die EU-Taxonomie-Verordnung sowie weitere Vorschriften und zielen darauf ab, den bürokratischen Aufwand, insbesondere für kleine und mittelständische Unternehmen substanziell zu senken und zugleich die Transparenz und Zielgerichtetheit nachhaltiger Kapitalflüsse zu stärken (vgl. Europäische Kommission 2025a: 1 bis 2; Europäische Kommission 2025b: 1). Diese Kurskorrektur reagiert sowohl auf Kritik aus Wirtschaft und Wissenschaft als auch auf die herausfordernde konjunkturelle Lage (vgl. Bluhm 2025).

Zwischenfazit

ESG hat sich in der Immobilienbranche zu einem zentralen Steuerungs- und Bewertungsrahmen entwickelt, dessen Relevanz durch ökologische, soziale und ökonomische Herausforderungen sowie regulatorische Anforderungen stetig wächst. Die etablierten Zertifizierungssysteme zeigen, wie ESG-Kriterien konkret operationalisiert werden können, trotz fehlender einheitlicher Definition nachhaltiger Immobilien. Gleichzeitig wird der Handlungsdruck auf Immobilienunternehmen durch europäische Regulierungen erheblich verschärft, was neue Anforderungen an Planung, Betrieb und Berichterstattung mit sich bringt.

2.4 Grundlagen Finanzkennzahlen

Dieses Kapitel zielt darauf ab, die ausgewählten Finanzkennzahlen systematisch vorzustellen und einzuordnen.

Finanzkennzahlen dienen dazu, komplexe wirtschaftliche Informationen vereinfacht darzustellen und dadurch vergleichbar und interpretierbar zu machen. Sie ermöglichen eine erste Einschätzung komplexer wirtschaftlicher Sachverhalte. Diese Vereinfachung hat auch Einschränkungen. Einzelinformationen gehen durch die Aggregation zwangsläufig verloren und Kennzahlen bergen bei isolierter Interpretation die Gefahr einer einseitigen Betrachtung. Zudem sind viele Kennzahlen vergangenheitsbezogen und liefern nur dann aussagekräftige Ergebnisse, wenn sie im Zeitverlauf, im Objektvergleich oder im Soll-Ist-Vergleich kontextualisiert werden. Die tatsächliche Aussagekraft einer einzelnen Kennzahl ist daher immer zu hinterfragen (vgl. Geyer 2020: 15 bis 17; Geyer 2013: 42, 45 bis 46).

Um ein umfassendes und aussagekräftiges Abbild des Zusammenhangs von ESG-Maßnahmen und der finanziellen Performance von Immobilien zu erlangen, werden insgesamt sechs KPIs betrachtet (Abbildung 2.2):

Investition	Betrieb	Bewertung; Finanzierung
Net Present Value (NPV)	Net Operating Income (NOI)	Loan-to-Value (LTV)
Internal Rate of Return (IRR)	Leerstandsquote	Verkehrswert

Abbildung 2.2 Überblick Finanzkennzahlen. (Quelle: Eigene Darstellung)

NPV

Der NPV (deutsch: Nettobarwert oder Kapitalwert) ist eine zentrale Kennzahl der dynamischen Investitionsrechnung und bestimmt die Vorteilhaftigkeit einer Investition. „Dabei werden die mit einer Investition verbundenen Zahlungen mit einem Kalkulationszinsfuß auf den Zeitpunkt t0 unmittelbar zu Beginn der Investition abgezinst" (Geyer 2013: 358). Der NPV steht in Abhängigkeit zum gewählten Kalkulationszinsfuß (vgl. Geyer 2013: 359). Der Kalkulationszinsfuß ist eine Rechengröße, die die erwarteten Renditen der Kapitalgeber widerspiegelt. Seine Höhe hängt dabei von den alternativen Geldanlagemöglichkeiten des Kapitalgebers sowie vom einzugehenden Risiko ab (vgl. Geyer 2013: 349). Somit steigt die Wahrscheinlichkeit, dass eine Investition einen negativen Kapitalwert ausweist, mit Zunahme des Kalkulationszinsfußes (vgl. Geyer 2013: 359).

Berechnet wird der NPV gemäß folgender Formel (vgl. Geyer 2020: 162):

$$NPV = \sum_{t=0}^{n} \frac{Cashflow_t}{(1+r)^t}$$

Dabei ist:

t = Jahr,

n = Anzahl der Jahre und
r = Kalkulationszinsfuß.

ESG-Maßnahmen könnten den NPV positiv beeinflussen, indem sie langfristig stabile, erhöhte Cashflows sichern, beispielsweise durch geringere Energiekosten oder verbesserte Mieterbindung, was in niedrigeren Diskontierungssätzen und höheren Erträgen resultieren könnte (vgl. Devine/Yönder 2021; Fuerst/Dalton 2019; Ghosh/Petrova 2023).

IRR

Wie der NPV ist auch die IRR (deutsch: interner Zinsfuß) eine Rechenmethode der dynamischen Investitionsrechnung. Es ist eine zentrale Kennzahl zur Beurteilung der Wirtschaftlichkeit von Investitionen und stellt basierend auf zu erwartenden Cashflows die künftige Rendite eines Projekts näherungsweise dar (vgl. Geyer 2020: 162).

„Der interne Zinsfuß einer Cashflow-Reihe ist derjenige Kalkulationszinssatz, bei dem der Kapitalwert der Zahlungsreihe gleich Null ist" (Geyer 2020: 162). Anders ausgedrückt, ist es der Zinssatz, bei dem sich die Summe der diskontierten zukünftigen Cashflows genau mit den anfänglichen Investitionskosten deckt.

Je höher die IRR, desto attraktiver erscheint die Investition. Die IRR für sich stehend ist aber wenig aussagekräftig und sollte an einem Vergleichsmaßstab gemessen werden, wie beispielsweise an einem Mindestverzinsungsanspruch, um eine sinnvolle Schlussfolgerung zu treffen (vgl. Geyer 2020: 163).

Konkret könnte die IRR durch Ertragssteigerung infolge von ESG-Maßnahmen (z. B. höhere erzielbare Mieten) sowie durch Risikoreduktion, wodurch Kapitalgeber niedrigere Renditeanforderungen stellen könnten (z. B. niedrigere regulatorische Risiken), beeinflusst werden (vgl. Ghosh/Petrova 2023; Robinson et al. 2020; Groh et al. 2022; Hayar et al. 2025; Devine et al. 2022).

Eine Betrachtung von NPV und IRR zusammen ist sinnvoll, da beide Kennzahlen unterschiedliche aber sich ergänzende Informationen über die Vorteilhaftigkeit einer Investition liefern. Der NPV quantifiziert den Wertbeitrag einer Investition in absoluten Geldeinheiten, während die IRR einen relativen Wert in Form eines prozentualen Renditesatzes ausgibt (vgl. Geyer 2013: 345).

NPV und IRR eignen sich zur Bewertung von ESG-Maßnahmen bei Immobilien, da sie langfristige Cashflows, Investitionsrisiken und Renditeerwartungen von Investoren systematisch berücksichtigen. Der NPV zeigt den absoluten Wertbeitrag einer ESG-Maßnahme auf Basis eines risikoadjustierten Kalkulationszinssatzes, während die IRR die erzielte relative Rendite mit alternativen Anlagemöglichkeiten und Mindestanforderungen der Investoren vergleicht. Beide Kennzahlen zusammen ermöglichen somit eine differenzierte Analyse, ob ESG-Investitionen langfristig ökonomisch vorteilhaft sind und strategischen Mehrwert schaffen.

NOI

Der NOI (deutsch: Nettobetriebseinnahmen oder Nettobetriebsergebnis) dient der Beurteilung der Rentabilität einer Immobilie. Es handelt sich um den Jahresreinertrag einer Immobilie, also um die Summe aller Einkünfte aus Vermietung und Verpachtung, abzüglich nicht umlagefähiger Bewirtschaftungskosten (vgl. Geyer 2020: 156). Steuern, Zinsen, Abschreibungen und Amortisationen bleiben unberücksichtigt. Gemäß § 32 Abs. 1 Immobilienwertverordnung sind Bewirtschaftungskosten regelmäßige Aufwendungen, die für eine ordnungsgemäße Bewirtschaftung und Nutzung einer Immobilie entstehen und nicht durch Umlagen oder sonstige Kostenübernahmen gedeckt sind. Dazu zählen grundsätzlich Verwaltungskosten, Instandhaltungskosten, Mietausfallwagnis und Betriebskosten im Sinne des § 556 Abs. 1 S. 1 BGB.

Da der NOI die Ertragskraft einer Immobilie aus dem laufenden Betrieb abbildet, ist über ihn eine Bewertung der wirtschaftlichen Auswirkungen von ESG-Maßnahmen möglich. ESG-Initiativen können sowohl Mieteinahmen als auch Betriebskosten (z. B. durch gesteigerte Energieeffizienz) direkt beeinflussen, was sich im NOI widerspiegelt (vgl. Devine/Yönder 2021; Hayar et al. 2025; Ghosh/Petrova 2023; Robinson/Singh 2021). Aufgrund der hohen Praxisrelevanz, insbesondere in der Immobilienbewertung, eignet sich der NOI zur Analyse operativer ESG-Effekte.

Leerstandsquote

Die Leerstandsquote (auch Leerstandsrate genannt) ist eine zentrale Kennzahl zur Beurteilung der Marktsituation in der Immobilienwirtschaft. Sie gibt den Anteil leerstehender Flächen oder Einheiten im Verhältnis zum Gesamtbestand an und wird üblicherweise in Prozent angegeben (vgl. Geyer 2020: 86 bis 87):

$$Leerstandsquote = \frac{Leerstand}{Gesamtbestand} * 100$$

Die Kennzahl kann stichtagsbezogen oder durchschnittlich (z. B. über einen Einjahreszeitraum) berechnet werden, wobei sich die Berechnungsart nach dem Analyseziel richten sollte (vgl. Geyer 2020: 87). Die Leerstandsquote kann immer objektbezogen (z. B. Handelsflächen eines Einkaufscenters), regional oder in

Abhängigkeit bestimmter Merkmale (Lage, Baujahr etc.) angegeben werden (vgl. Geyer 2020: 87 bis 88).

Anhand der Leerstandsquote kann auf Marktattraktivität, Nachfragesituation, Substanzrisiken und Nutzungseffizienz geschlossen werden. Nimmt man an, dass ESG-Maßnahmen eines der genannten vier Kriterien beeinflussen, würde sich dies indirekt auf die Leerstandsquote auswirken.

Verkehrswert

Der Begriff Verkehrswert wird teilweise synonym mit dem „Marktwert“ verwendet.

> *„Der Verkehrswert eines Grundstücks (Grund und Boden sowie aufstehende Gebäude und Außenanlagen) wird gemäß § 194 Baugesetzbuch durch den Preis bestimmt, der zum Wertermittlungsstichtag im gewöhnlichen Geschäftsverkehr nach den tatsächlichen Eigenschaften des Grundstücks zu erzielen wäre. Unter gewöhnlichem Geschäftsverkehr ist der Handel auf einem freien Markt zu verstehen, wobei weder Käufer noch Verkäufer unter Zeitdruck, Zwang oder Not stehen und allein objektive Maßstäbe preisbestimmend sind“* (Veith et al. 2021: 463).

Die in der Immobilienwertverordnung normierten Verfahren zur Ermittlung des Verkehrswerts einer Immobilie sind das Vergleichswertverfahren, das Ertragswertverfahren und das Sachwertverfahren (vgl. Veith et al. 2021: 464 bis 465). Die Auswahl des geeigneten Verfahrens ist im Einzelfall in Abhängigkeit des zu bewertenden Objekts zu treffen. Neben den genannten normierten Wertermittlungsverfahren gibt es noch die folgenden nicht normierten Verfahren (vgl. Veith et al. 2021: 466):

- Residualwertverfahren
- Discounted Cash Flow
- Term and Reversion
- Hardcore Top Slice

Die Literatur diskutiert zunehmend einen Einfluss von ESG-Konformität auf den Verkehrswert von Immobilien. ESG-Kriterien könnten sich auf verschiedene Bewertungsparameter der üblichen Wertermittlungsverfahren auswirken und somit den Verkehrswert beeinflussen (vgl. Fuerst/Dalton 2019; Ishaak/Remøy 2024; Ghosh/Petrova 2023). Um dieser Entwicklung ausreichend Berücksichtigung zukommen zu lassen, wurde der Verkehrswert als eine der zu untersuchenden Kennzahlen ausgewählt.

LTV

Der LTV zeigt den Verschuldungsgrad auf Objektebene und stellt somit dar, wie hoch eine Immobilie verschuldet ist. Berechnet wird die Kennzahl dabei wie folgt (vgl. Geyer 2020: 189 bis 190):

$$LTV = \frac{Kreditvolumen}{VerkehrswertderImmobilie} * 100$$

Dabei setzt sich das Kreditvolumen aus der Summe der bereits für das Objekt bereitgestellten sowie der noch zur Auszahlung anstehenden Kredite zusammen. Zu beachten ist, dass der LTV eine stichtagsbezogene Kennzahl ist. Die Kredite werden jedoch meist im Zeitverlauf getilgt, wodurch sich der LTV ändert. Dementsprechend ist es wichtig, den LTV regelmäßig neu zu berechnen, um größere Verzerrungen zu vermeiden (vgl. Geyer 2020: 190).

Der LTV ist eine entscheidende Kennzahl zur Beurteilung des Kreditrisikos aus Sicht von Banken und Investoren. Je höher der LTV, desto höher der Fremdkapitalanteil und das Risiko (vgl. Murfeld 2018: 193).

Die Kennzahl ist für die Untersuchung der Forschungsfrage sinnvoll, da Rückschlüsse darauf möglich sind, ob ESG-Maßnahmen gegebenenfalls zu höheren Kreditlinien führen. Kreditgeber könnten Objekten mit einem besseren ESG-Profil mehr Fremdkapital im Vergleich zum Verkehrswert anbieten, da sie ESG-konforme Objekte als werthaltiger, zukunftssicherer und somit risikoärmer einschätzen könnten als herkömmliche Objekte (vgl. Leutner et al. 2024; Hayar et al. 2025; Devine/ Yönder 2021).

Zwischenfazit

Die sechs ausgewählten Finanzkennzahlen ermöglichen eine fundierte Beantwortung der zu untersuchenden Forschungsfrage, indem sie verschiedene Blickwinkel auf die wirtschaftliche Leistungsfähigkeit von Immobilien eröffnen. Sie bieten eine ausgewogene Mischung aus operativen (NOI, Leerstandsquote), strategisch langfristigen (NPV, IRR, Verkehrswert) und risiko- und stabilitätsorientierten (LTV, Leerstandsquote) Kennzahlen. In ihrer Gesamtheit bieten sie eine belastbare Grundlage, um potenzielle Zusammenhänge mit ESG-Maßnahmen zu analysieren, hinsichtlich Investition, Betrieb sowie Bewertung und Finanzierung der Immobilien.

2.5 Bisherige Erkenntnisse

In diesem Kapitel wird der aktuelle Forschungsstand zum Zusammenhang von ESG-Kriterien und der wirtschaftlichen Performance dargestellt. Dazu werden einschlägige Studien vorgestellt, die anschließend um weiterführende, praxisnahe Literatur ergänzt werden. Es folgt die Ableitung des bestehenden Forschungsbedarfs.

2.5.1 Einschlägige Studien

Zur Analyse des aktuellen Forschungsstands wurde eine systematische Literaturrecherche durchgeführt.

Da es bislang nur eine begrenzte Anzahl empirischer Studien gibt, die sich explizit mit dem Zusammenhang von ESG-Maßnahmen und Finanzkennzahlen auf Objektebenen befassen, insbesondere im deutschsprachigen Raum, wurde für die Literaturrecherche ein erweiterter Auswahlrahmen zugrunde gelegt.

Neben objektbezogenen Studien wurden auch Untersuchungen einbezogen, die ESG-Faktoren auf Unternehmens- und Immobilienfondsebene analysieren. Während die ESG-Forschung auf Objektebene theoriearm ist, liegt für den Unternehmenskontext bereits eine breitere empirische Basis vor. Auch diese Studien liefern nützliche Erkenntnisse, beispielsweise in Bezug auf ESG-Wirkzusammenhänge auf unterschiedlichen Ebenen. Viele ESG-Maßnahmen auf Objektebene sind in Unternehmens- oder Fondsstrategien eingebettet, sodass hier Wechselwirkungen bestehen. Studien zu Real Estate Investment Trusts (REITs) und Listed Real Estate Companies (LRECs) weisen häufig einen starken Objektbezug auf, sodass eine methodische Nähe gegeben ist.

Viele der betrachteten Studien haben eine globale oder europäische Ausrichtung. Auch werden Studien mit Fokus auf die USA, die Niederlande oder Norwegen vorgestellt. Die USA sind häufig Vorreiter in der Kapitalmarktforschung, sodass hier bereits mehr Veröffentlichungen existieren. Diese können Aufschluss über die zukünftigen Entwicklungen in Europa geben. Auch wenn in Norwegen und den Niederlanden marktstrukturelle Unterschiede bestehen, ähneln sich viele immobilienwirtschaftliche ESG-Herausforderungen über europäische Ländergrenzen hinweg, daher wurde sich dazu entschieden, diese Studien ebenfalls zu betrachten.

Tabelle 2.4 bietet einen Überblick über die berücksichtigten Studien, die anschließend einzeln vorgestellt werden.

Tabelle 2.4 Überblick der einschlägigen Studien

Autor	Forschungsgegenstand	Region	Schlüsselwörter
Whelan et al. (2021)	Unternehmen (allgemein)	global	ESG-Aspekte, finanzielle Performance, Anlageperformance
Aydoğmuş et al. (2022)	Unternehmen (allgemein)	global	ESG-Performance, Unternehmenswert, Rentabilität
Kim/Li (2021)	Börsennotierte Unternehmen (allgemein)	global	ESG-Aspekte, finanzielle Performance, Rentabilität, finanzielles Risiko
Velte (2017)	Börsennotierte Unternehmen (allgemein)	Deutschland	ESG-Performance, finanzielle Performance
Feng et al. (2024)	REITs	USA	Klimarisiken, abnormale Temperaturveränderungen, finanzielle Performance, Bewertung
Chacon et al. (2024)	REITs	global	ESG-Aspekte, Bewertung, Cashflow, Risiko
Devine/ Yönder (2021)	REITs	USA	Umweltverträgliche Investitionen, Cashflow, Bewertung
Morri et al. (2024)	LRECs	global	ESG-Faktoren, finanzielle Performance
Bienert et al. (2015)	LRECs	Europa, USA, Australien	Nachhaltigkeitsberichterstattung, Aktienkurse
Hayar et al. (2025)	PRECs	global	ESG-Praktiken, Marktperformance
Devine et al. (2022)	Private Equity Real Estate Funds	USA	ESG-Offenlegung, Fonds-Performance
Fuerst/ Dalton (2019)	Immobilie	global	Nachhaltigkeitszertifikate, Preis- und. Mietprämien

(Fortsetzung)

Tabelle 2.4 (Fortsetzung)

Autor	Forschungsgegenstand	Region	Schlüsselwörter
Groh et al. (2022)	Wohnimmobilie	Deutschland	Energieeffizienz, Preisprämie für Mietwohnungen, Kosten für Gebäude-Energie-Retrofits
Khazal/ Sønstebø (2020)	Wohnimmobilie	Norwegen	Energieausweise, professionelle und private Vermieter
Sheng (2025)	Gewerbe-immobilie	USA	Nachhaltigkeit der externen Umwelt, Rendite
Ishaak/ Remøy (2024)	Gewerbe-immobilie	Niederlande	Nachhaltigkeitsaspekte, Transaktionspreise
Leutner et al. (2024)	Gewerbe-immobilie	Europa	Finanzierungskonditionen
Ghosh/ Petrova (2023)	Büroimmobilie	Westeuropa	Umweltzertifikate, Cashflow, Transaktionspreise
Robinson et al. (2020)	Büroimmobilie	USA	Grüne Bürogebäudeausstattungsmerkmalen, Mietpreise´
Robinson/ Singh (2021)	Hotelimmobilie	USA	Umweltzertifikate, NOI

(Quelle: Eigene Darstellung)

Metastudie

Whelan et al. (2021: 2 bis 3, 5, 8, 10) analysierten über 1.000 Studien zu den Schlüsselwörtern Nachhaltigkeit, ESG und finanzielle Performance, die zwischen 2015 und 2020 publiziert wurden. Die Metastudie fand insgesamt einen positiven Zusammenhang zwischen ESG und finanzieller Performance. 58 % der unternehmensbezogenen Studien zeigten einen positiven Zusammenhang zwischen ESG und dem Return on Equity (ROE), dem Return on Asset (ROA) und den Aktienkursen. Lediglich 8 % der Studien belegten einen negativen Zusammenhang. Bei investorenbezogenen Studien zeigten 59 % eine ähnliche oder bessere Performance von ESG-bezogenen Investitionsstrategien im Vergleich zu traditionellen

Investitionsstrategien. 14 % deuteten auf einen negativen Zusammenhang hin. Nachhaltigkeitsinitiativen schienen die finanzielle Performance grundsätzlich durch ein verbessertes Risikomanagement und höhere Innovationskraft zu fördern. ESG-Investments zeigten überlegene Resilienzen in Krisenzeiten. Überdies verstärkten sich die positiven Effekte mit zunehmendem Anlagehorizont. Viele der untersuchten Studien stützten ihre Ergebnisse auf sozialwissenschaftliche Theorien:

- Stakeholder Theorie: Unternehmen müssen im Sinne unterschiedlicher Interessensgruppen wirtschaften.
- Shared Value: Unternehmen, die einen gemeinsamen Wert für alle Interessensgruppen schaffen, erzielen ein besseres finanzielles Ergebnis.
- Legitimitätstheorie: Erfüllt ein Unternehmen die sozialen Erwartungen der Gesellschaft nicht, führt dies zu einem Nachfragerückgang und gesetzlichen Auflagen.
- Ressourcenbasierte Sichtweise: Unternehmen, die zur Verfügung stehende Ressourcen besser einsetzen (z. B. Mitarbeiter), haben wirtschaftlichen Erfolg.

Unternehmen (branchenunabhängig)

Die folgenden drei Studien beschreiben den Einfluss von ESG-Aspekten auf Unternehmensebene. Eine differenzierte Betrachtung einzelner Branchen erfolgte nicht.

Velte (2017: 169 bis 170, 174 bis 176) untersuchte 412 Unternehmensjahre (2010–2014) börsennotierter Unternehmen im DAX30, TecDAX und MDAX. Die Studie zeigt, dass die ESG-Performance einen positiven und signifikanten Einfluss auf die finanzielle Performance, gemessen am ROA hatte. Für die marktbasierte Performance (Tobin's Q) wurde kein signifikanter Zusammenhang nachgewiesen. Alle ESG-Dimensionen einzeln betrachtet hatten einen positiven Einfluss auf den ROA, wobei Governance den stärksten positiven Einfluss zeigte. Die Autoren vermuteten, dass dies auf die stärkere institutionelle Verankerung guter Unternehmensführung in Deutschland zurückzuführen ist. Ein höheres systematisches sowie unsystematischen Unternehmensrisiko korrelierte mit schlechterer ESG-Leistung und niedrigerem ROA. Unternehmen mit höheren Gesamtvermögen wiesen tendziell bessere ESG-Performance auf.

Kim und Li (2021: 1, 3, 13) analysierten 4.708 Unternehmen zwischen 1991 und 2013. Der aggregierte ESG-Score wirkte auch hier signifikant positiv auf den ROA. Governance hatte den stärksten positiven Einfluss auf die Profitabilität. Bei Betrachtung der Environmental- und Social-Dimension, konnten keine signifikanten Effekte auf den ROA festgestellt werden. Auch in dieser Studie waren die positiven

ESG-Effekte ausgeprägter bei großen Unternehmen. Alle ESG-Komponenten zeigten einen signifikanten Einfluss auf Kreditratings. Der Social-Aspekt war stärkster Prädiktor für eine bessere Bonität. Der Governance-Aspekt war ebenfalls signifikant positiv, wohingegen der Environmental-Aspekt einen negativen Einfluss zeigte.

Aydoğmuş et al. (2022: 119, 122 bis 126) untersuchten einen Datensatz von 1.720 börsennotierten Unternehmen aus 39 Ländern zwischen 2013 und 2021. Es zeigte sich ein hochsignifikanter, positiver Zusammenhang zwischen den aggregierten ESG-Scores und dem Unternehmenswert (Tobin's Q). Bei separater Betrachtung wiesen der Social- und der Governance-Score signifikant positive Effekte auf den Unternehmenswert auf. Der Environmental-Score hingegen zeigte keinen signifikanten Zusammenhang mit Tobin's Q. Die Autoren führten dies auf höhere Investitionskosten sowie auf die zeitlich verzögerte Wirksamkeit umweltbezogener Maßnahmen zurück. Hinsichtlich der Rentabilität (ROA) ergab sich für alle ESG-Dimensionen, kombiniert und einzeln betrachtet, ein positiver, hochsignifikanter Zusammenhang. Auffällig war hier der starke Einfluss der Umweltdimension auf die Profitabilität.

REITs

Die drei folgenden Studien untersuchten den Zusammenhang von ESG und REITs. REITs sind börsennotierte Immobiliengesellschaften, die in einkommensgenerierende Immobilien investieren und gesetzlich verpflichtet sind, einen Großteil ihrer Gewinne an Anleger auszuschütten. Sie bieten eine liquide, transparente und steuerlich oft begünstigte Möglichkeit, in Immobilien zu investieren (vgl. Adams 2015: 41 bis 43).

Devine und Yönder (2021: 778, 782, 786, 790, 797, 799, 801 bis 803) untersuchten insgesamt 722 Unternehmensjahre von 110 US-REITs zwischen 2006 und 2015. Ein höherer Anteil umweltzertifizierter Immobilien im Portfolio (Green Share) war mit signifikant höheren Mieteinnahmen und einem höheren NOI verbunden. Die operativen Aufwendungen stiegen nur geringfügig und statistisch nicht signifikant. Auch die allgemeinen Verwaltungs- und Betriebskosten (G&A-Kosten) zeigten keine signifikante Veränderung. Die Zinsaufwendungen sanken signifikant, was auf geringere wahrgenommene Ausfallrisiken aus Sicht der Fremdkapitalgeber hinwies. Der Green Share korrelierte signifikant positiv mit der Bewertung der REITs an der Börse. Die Bewertungsprämie am Aktienmarkt überstieg den Wertzuwachs der Immobilie im Markt, was einen Reputationseffekt vermuten ließ. Zudem reagierten REITs mit hoher Green Share weniger empfindlich auf Marktschwankungen. Niedrigere Turnover-Raten bei Büro- und Einzelhandels-REITs deuteten auf eine Buy-and-Hold-Strategie institutioneller Investoren hin. Die Studie zeigte erstmals robuste empirische Evidenz dafür, dass im Einzelhandelssegment eine positive Korrelation zwischen dem Green Share und dem NOI besteht. Retail-REITs wiesen signifikant geringere Turnover-Raten auf als andere Assetklassen.

Chacon et al. (2024: 1, 9 bis 10, 13, 23 bis 25) untersuchten 479 REITs aus Asien-Pazifik, Europa, Nordamerika, Afrika sowie Lateinamerika und der Karibik für den Zeitraum von 2019 bis 2021. Es zeigte sich ein signifikant negativer Zusammenhang zwischen ESG-Performance und Unternehmenswert, gemessen über die Firm Q und die Market-to-Book-Ratio. Auch der operative Cashflow (NOI im Verhältnis zu den Gesamtaktiva) war negativ beeinflusst. Zudem zeigte sich ein positiver Zusammenhang zwischen der ESG-Performance und dem unternehmensbezogenen Risiko (annualisierte Volatilität des Aktienkurses). Die Autoren interpretierten dies als Hinweis auf ESG-Überinvestitionen. Gleichzeitig betonten sie, dass der dreijährige Betrachtungszeitraum kurz sei und langfristige ESG-Wirkungen möglicherweise noch nicht zum Tragen kamen. Auch könnten die Pandemiejahre 2020 und 2021 die negativen Effekte zusätzlich beeinflusst haben.

Feng et al. (2024: 1, 7 bis 17, 24 bis 25) untersuchten den Einfluss klimabedingter Risiken auf die finanzielle Performance von US-amerikanischen REITs zwischen 1995 und 2020. Das Klimarisiko wurde als langfristige Abweichung der Durchschnittstemperatur gemessen. Es zeigte sich ein signifikant negativer Zusammenhang zwischen dem Klimarisiko und dem operativen Cashflow (NOI im Verhältnis zu den Gesamtaktiva). Ein Anstieg des Klimarisikos um eine Standardabweichung senkte den operativen Cashflows um etwa 2,8 %. Ebenso zeigte sich ein signifikant negativer Effekt auf die Unternehmensbewertung, gemessen als Tobin's Q und auf die Aktienkursrenditen. REITs mit stärkeren Klimaexpositionen erzielten geringere Überschussrenditen. Die negativen Effekte waren bei Residential und Retail-REITs stärker als bei REITs mit Industrie- und Büroimmobilien.

LRECs/PRECs

LRECs, auch Public Real Estate Companies (PRECs) genannt, sind Immobilienunternehmen, deren Aktien an einer Börse gehandelt werden. Sie umfassen sowohl klassische börsennotierte Immobiliengesellschaften als auch REITs.

Bienert et al. (2015: 190, 195 bis 196, 200 bis 203) analysierten 319 Veröffentlichungen von Nachhaltigkeitsberichten von 89 börsennotierten Immobilienunternehmen aus Europa, Nordamerika und Australien im Zeitraum von 1999 bis 2014. Die Ergebnisse zeigten, dass Nachhaltigkeitsberichte, insbesondere nach dem GRI-Standard erstellte, mit signifikant positiven Reaktionen der Aktienkurse verbunden waren. Bei ca. 70 % der Unternehmen war die Aktienkursperformance nach Veröffentlichung des Nachhaltigkeitsberichts höher als zuvor. Bereits zehn

Tage nach Veröffentlichung zeigten sich bei 90 % der Firmen positive Kursverläufe. Die kumulierten abnormalen Renditen betrugen bei 75 % der Unternehmen mindestens 2 %. Eine kumulierte abnormale Rendite von über 5 % konnte lediglich bei rund 10 % der Unternehmen als statistisch signifikant festgestellt werden. Nachhaltigkeitskommunikation erwies sich demnach nicht nur als reputationsfördernd, sondern auch als ökonomisch wertschöpfend. Ein möglicher Erklärungsansatz war, dass die Nachhaltigkeitsberichterstattung dem Kapitalmarkt entscheidungsrelevante Informationen bereitstellt und somit die Informationsasymmetrien reduziert.

Morri et al. (2024: 373, 378 bis 379, 383 bis 384, 387 bis 391) untersuchten den Einfluss der ESG-Performance auf die Profitabilität und Marktperformance börsennotierter Immobilienunternehmen. Die Analyse basierte auf einem weltweiten Datensatz von über 200 Unternehmen im Zeitraum 2015 bis 2021. Die finanzielle Performance wurde anhand des ROA und des Total Return gemessen. Für die Gesamtheit der Unternehmen ergab sich ein signifikant positiver Einfluss der Umwelt- und Governance-Dimension auf die Profitabilität. Ein Anstieg in diesen Bereichen war jeweils mit einer Steigerung des ROA um 0,018 Prozentpunkte verbunden. Demgegenüber zeigte die soziale Dimension einen signifikant negativen Einfluss auf den ROA (– 0,019 Prozentpunkte). Insbesondere Vermietungs-, Entwicklungs- und Betreibergesellschaften profitierten von guter Governance, während ein hoher Social-Score mit einer deutlich verringerten Profitabilität einherging. Zudem konnten bei REITs keine signifikanten ESG-Effekte auf den ROA festgestellt werden. Auch regional zeigten sich Unterschiede. Hinsichtlich der Marktperformance zeigte sich ein insgesamt negativer Zusammenhang zwischen der ESG-Performance und dem Total Return. Ein hoher Social-Score war mit einem Rückgang des Total Return um 0,211 Prozentpunkte verbunden, ein hoher Governance-Score mit – 0,119 Prozentpunkten. Die Umweltperformance hatte keinen signifikanten Effekt auf die Marktperformance. Branchenspezifisch zeigte sich der negative Zusammenhang mit Governance insbesondere bei Commercial REITs und mit Social insbesondere bei Vermietungs-, Entwicklungs- und Betreibergesellschaften. Die Autoren führten die überwiegend negativen Marktreaktionen insbesondere auf die kurzfristig kostenintensiven Maßnahmen im Bereich Soziales sowie auf Unterschiede in der regionalen Marktwahrnehmung von Governance-Strukturen zurück. Sie wiesen zudem darauf hin, dass langfristige ESG-Wirkungen möglicherweise unterschätzt wurden, da keine verzögerten (lagged) Variablen in die Modelle integriert wurden.

Hayar et al. (2025: 1, 12 bis 18, 20 bis 21) untersuchten den Einfluss von ESG-Praktiken auf die Markt- und Finanzperformance börsennotierter Immobilienunternehmen in 38 Ländern zwischen 2015 und 2021. Die Ergebnisse zeigten einen signifikant positiven Zusammenhang zwischen dem ESG-Gesamtscore und der Marktleistung (Tobin's Q). Gleichzeitig wirkte sich der ESG-Gesamtscore negativ auf den NOI aus und erhöhte die allgemeinen Verwaltungsaufwendungen (G&A). Die Zinsaufwendungen gingen hingegen zurück, ebenso wie das systematische Risiko. Die Earnings Before Interest and Taxes (EBIT) und das unsystematische Risiko blieben unbeeinflusst. Bei Betrachtung der einzelnen ESG-Dimensionen korrelierten Umwelt- und Sozialaspekte positiv mit Tobin's Q, jedoch negativ mit dem NOI. Beide erhöhten die G&A-Kosten. Die Umweltdimension reduzierte die Zinslast. Die Sozialdimension wirkte sich positiv auf das EBIT aus und senkte das systematische Risiko. Governance hatte kaum Einfluss auf Tobin's Q, senkte jedoch Zinslast und Risiko, wirkte sich aber negativ auf den NOI aus. Insgesamt zeigte die Studie, dass ESG zur Wertsteigerung am Markt beiträgt, auch wenn kurzfristige Rentabilitätseinbußen möglich sind. Die Wirkungen variierten je nach ESG-Dimension deutlich.

Private Equity Real Estate Funds (PERE-Fonds)

Devine et al. (2022: 161, 171, 176, 183 bis 184) untersuchten den Zusammenhang zwischen der Performance von PERE-Fonds und der freiwilligen ESG-Offenlegung „Global Real Estate Sustainability Benchmark" (GRESB). Im Mittelpunkt standen Fonds des Open Ended Diversified Core Equity Fonds (ODCE)-Index zwischen 2015 und 2019. Die Ergebnisse zeigten, dass die GRESB-Teilnahme unter ODCE-Fonds stark zugenommen hat und als Marktstandard gilt. Sowohl die Teilnahme an GRESB als auch die GRESB-Scores korrelierten signifikant positiv mit der Fondsrendite. Die Teilnahme war mit einer vierteljährlichen Renditesteigerung von 0,349 % verbunden (annualisiert 1,4 %). Ein Punkt Anstieg im Score entsprach 0,36 % mehr Jahresrendite. Die Renditeeffekte zeigten sich ausschließlich in der Preissteigerungskomponente, nicht in der Einkommensrendite, was auf kapitalisiertes, künftig erwartetes Mietwachstum hindeutete. Innerhalb der GRESB-Komponenten wirkte sich das ESG-Management positiv, die Performance negativ auf die Gesamtrendite aus. Gebäudezertifizierungen zeigten keinen Einfluss. Der positive Managementeffekt überwog den negativen Performanceeffekt. Insgesamt belegte die Studie den Wert freiwilliger ESG-Offenlegung und ihre wachsende Bedeutung im privaten Immobilienmarkt.

Immobilien, unabhängig der Assetklasse

Fuerst und Dalton (2019: 173, 180 bis 188) führten eine Metaanalyse von 42 internationalen Studien zur Rentabilität nachhaltig zertifizierter Immobilien durch. Die Analyse ergab signifikante durchschnittliche Mietprämien von 6,02 % und

Verkaufspreisprämien von 7,61 %, was auf ein wirtschaftliches Potenzial nachhaltiger Immobilien hinwies. Die Autoren identifizierten jedoch auch Hinweise auf einen möglichen Publikationsbias, wodurch positive Ergebnisse überrepräsentiert sein könnten. Eine Korrektur dieses Effekts würde die geschätzten Prämien leicht reduzieren. Darüber hinaus zeigte die Analyse eine hohe statistische Heterogenität der Studienergebnisse, bedingt durch unterschiedliche Marktstrukturen, Objekttypen und Zertifizierungssysteme. Für Deutschland zeigten jüngere Studien, dass energieeffiziente Wohnungen tendenziell höhere Verkaufspreise erzielten. Neben der Energieeffizienz spiegelten die beobachteten Preisprämien auch andere Nachhaltigkeitsaspekte wie Wasserverbrauch, Luftqualität oder Materialien wider. Die Autoren betonten zudem die Rolle funktionierender Marktmechanismen, etwa grüner Mietverträge, für die wirtschaftliche Realisierbarkeit nachhaltiger Investitionen.

Wohnimmobilien

Khazal und Sønstebø (2020: 1, 5, 8 bis 9) analysierten auf Basis von rund 440.000 Mietverträgen den Einfluss von Energieausweisen (EPCs) auf den norwegischen Wohnungsmietmarkt zwischen 2011 und 2018. Erstmals wurde dabei zwischen professionellen und privaten Vermietern unterschieden. Die Ergebnisse zeigten, dass Wohnungen mit EPC-Label signifikant höhere Mieten erzielten als nicht gelabelte Objekte. Grüne Labels (A–C) waren mit einem Mietpreisaufschlag von 3,3 bis 3,4 % gegenüber nicht-grünen Labels (D–G) verbunden. Nicht gelabelte Wohnungen wiesen hingegen einen Abschlag von bis zu 5,8 % auf. Einzelne Label erzielten Aufschläge von bis zu 6,9 % (A). Der Mietpreisvorteil bestand teils unabhängig von der tatsächlichen Energieeffizienz, was auf den Signalwert des Labels hindeutete. Zudem zeigten sich Unterschiede je nach Vermietergruppe: Professionelle Anbieter erzielten im Schnitt 3,9 % höhere Mieten, bei grünen Wohnungen sogar 5,0 % mehr. 1,8 % davon konnten direkt auf die unterschiedliche Bewertung des Labels zurückgeführt werden.

Groh et al. (2022: 95, 98, 100, 103 bis 105, 108 bis 109) untersuchten die Wirtschaftlichkeit energetischer Sanierungsmaßnahmen im deutschen Mietwohnungsmarkt auf Basis von Angebotsdaten der Jahre 2016 bis 2020. Ergänzend wurde ein Datensatz zu 1.048 Mietobjekten mit Green-Retrofit-Maßnahmen zur Grenzkostenermittlung herangezogen. Die Ergebnisse zeigten signifikante Mietpreisaufschläge für energieeffiziente Gebäude. Die höchste Green Premium wurde für die Klasse A + mit 3,98 % identifiziert, während Klassen A, B und C Aufschläge von 2,43 %, 2,12 % und 0,80 % erzielten. Für schlechtere Effizienzklassen (D–F) fielen die Prämien hingegen minimal aus. Eine ökonomische Bewertung anhand von Grenzertrags- und Grenzkostenkurven zeigte, dass die erzielbaren Mietsteigerungen die Sanierungskosten nicht decken. Im selbstgenutzten Wohnraum hingegen steigerten Energieeinsparungen die Wirtschaftlichkeit deutlich. Die Autoren wiesen auf methodische Limitationen hin, etwa aufgrund von Angebotsmieten, begrenzten Kosteninformationen und fehlende Berücksichtigung staatlicher Förderungen. Insgesamt machten die Ergebnisse die Notwendigkeit regulatorischer Eingriffe deutlich, um die Sanierungsquote im Mietsektor zu erhöhen.

Gewerbeimmobilien

Leutner et al. (2024: 411, 413, 423, 427, 430) untersuchten, ob grüne Gewerbeimmobilien von günstigeren Fremdfinanzierungskonditionen profitieren. Im Fokus stand der sogenannte Green Discount im europäischen gewerblichen Kreditmarkt. Die Analyse basierte auf einem Datensatz von Krediten mit einem Gesamtvolumen von über 30 Mrd. Euro aus dem Zeitraum 2018 bis 2023. Mittels hedonischer Regressionsmodelle wurde untersucht, ob grüne Immobilien geringere Zinsspannen oder höhere LTV-Verhältnisse aufwiesen. Die Ergebnisse zeigten, dass grüne Gebäude im Durchschnitt eine um 5,35 % niedrigere vertragliche Zinsspanne sowie eine um 3,92 % niedrigere Zielspanne aufwiesen. Dies entsprach rund 7 bzw. 5 Basispunkten, was jährliche Zinsersparnisse von bis zu 28.356 Euro bedeutete. Für die LTV-Ratio ließ sich hingegen kein signifikanter Unterschied feststellen. Der beobachtete Green Discount wurde auf ein geringeres wahrgenommenes Risiko und regulatorische Anreize zur Erhöhung der Green Asset Ratio zurückgeführt. Insgesamt zeigten die Autoren, dass ESG-Kriterien zunehmend integraler Bestandteil der Kreditvergabe geworden sind.

Ishaak und Remøy (2024: 1, 3 bis 4, 9 bis 12) untersuchten anhand von 10.652 Transaktionen gewerblicher Immobilien in den Niederlanden zwischen 2012 und 2023 die Auswirkungen verschiedener Nachhaltigkeitsaspekte auf die Transaktionspreise. Neben der Energieeffizienz wurden Umwelt, Gesundheit, Nutzerqualität und Zukunftsaussichten analysiert. Die Ergebnisse zeigten, dass Energieeffizienz als einziger Faktor durchgehend positiv mit Transaktionspreisen korrelierte. Für die übrigen Nachhaltigkeitsaspekte zeigte sich im unteren Segment tendenziell eine negative, im oberen Segment eine positive Korrelation mit dem Preisniveau. Dies deutete darauf hin, dass finanzielle Anreize im Anfangsstadium nachhaltiger Maßnahmen oft nicht ausreichen, um Investitionen zu rechtfertigen und erst bei hoher Nachhaltigkeitsperformance positive Preiseffekte sichtbar werden.

Sheng (2025: 1, 11 bis 16, 27 bis 31) untersuchte, ob die Nachhaltigkeit des externen Umfelds (gemessen anhand lokaler Autoemissionen) in den Preisen von Gewerbeimmobilien berücksichtigt wird. Auf Basis eines umfassenden US-Datensatzes für den Zeitraum 2002 bis 2019 zeigte die Studie, dass Immobilien in emissionsärmeren Gebieten durchschnittlich 1,5 % höhere jährliche Renditen erzielten. Die Ergebnisse blieben auch bei einer Kontrolle zentraler Einflussfaktorenstabil. Die negativen Auswirkungen zeigten sich vorrangig in einer geringeren Preissteigerung und damit höheren Risikoprämien, nicht aber in den laufenden Einkommensrenditen.

Büroimmobilien

Robinson et al. (2020: 467, 471 bis 472, 479 bis 484, 487 bis 489) analysierten 2.246 Mietverträge von 197 Bürogebäuden in 20 großen US-Märkten, um die Effekte von 15 grünen Gebäudeausstattungsmerkmalen auf Büroflächenmieten zu untersuchen. Ziel war es, den Einfluss einzelner Merkmale unabhängig von Label-Zertifizierungen herauszuarbeiten. Die Ergebnisse zeigten, dass LEED-zertifizierte Bürogebäude signifikant höhere Mieten erzielten als nichtzertifizierte. In der semi-univariaten Analyse lag der Mietpreisaufschlag bei 13,6 %, in der multivariaten Regressionsanalyse, die weitere Gebäudemerkmale kontrolliert, bei 9,2 %. Der ENERGY STAR-Nachweis war nur dann mit einem signifikanten Aufschlag verbunden, wenn er isoliert betrachtet wurde. Sein Effekt verschwand weitgehend, sobald andere grüne Merkmale einbezogen wurden. Darüber hinaus zeigten auch einzelne nachhaltige Ausstattungsmerkmale unabhängig von einer Zertifizierung deutliche Preisaufschläge. Besonders hohe Effekte wurden für Wassereinsparmaßnahmen, raumhohe Fenster als Indikator für natürliche Belichtung sowie effiziente Heizungs-, Lüftungs- und Klimasysteme festgestellt. Ebenso positiv wirkten sich die Nähe zu öffentlichen Verkehrsmitteln und Ladestationen für Elektrofahrzeuge aus. Ein negativer Effekt wurde lediglich für Fahrradabstellplätze beobachtet, wobei dieser aufgrund methodischer Besonderheiten als nicht belastbar einzuschätzen war.

Ghosh und Petrova (2023: 514, 516, 525 bis 534) untersuchten die Effekte von Nachhaltigkeitszertifizierungen auf Transaktionspreise und Cashflows von Büroimmobilien in sechs westeuropäischen Ländern zwischen 2007 und 2018. Grundlage der Analyse war ein Panel mit 16.559 Transaktionen über mindestens 5 Mio. Euro, wobei zertifizierte und nichtzertifizierte Objekte mithilfe eines Nearest-Neighbor-Matchings nach Standort, Gebäudealter, Größe und Transaktionszeitpunkt verglichen wurden. Die Ergebnisse zeigten eine signifikante grüne Prämie. Zertifizierte Immobilien erzielten durchschnittlich 12 % höhere operative Erträge und rund 10 % höhere Transaktionspreise. Höherwertige Zertifizierungen waren mit überdurchschnittlich hohen Prämien verbunden. BREEAM-Zertifizierungen führten konsistent zu Preisaufschlägen, während LEED-Objekte die höchsten NOI-Werte aufwiesen. Die Prämie war länder- und marktabhängig. Ein Rückgang der Prämie über die Zeit konnte nicht bestätigt werden, vielmehr zeigte sich eine zyklische Entwicklung mit einem Anstieg ab 2015. Die Autoren deuteten die Zertifizierung als Qualitätssignal im transaktionsgetriebenen Büromarkt, das Informationsasymmetrien verringerte. Institutionelle Investoren zahlten signifikant höhere Aufschläge, was die Relevanz der Käuferstruktur bei der Bewertung nachhaltiger Preisprämien unterstrich.

Sonderimmobilien (Hotel)

Robinson und Singh (2021: 52 bis 57) untersuchten anhand eines Datensatzes von 1.540 US-amerikanischen Hotels die finanziellen Auswirkungen von LEED- und ENERGY STAR-Zertifizierungen auf den NOI. Die Analyse basierte auf Betriebsdaten im Zeitraum 2009 bis 2013 und verglich zertifizierte mit nicht-zertifizierten Hotels unter Anwendung gemischter Regressionsmodelle. ENERGY STAR-zertifizierte Hotels zeigten tendenziell geringere Betriebsaufwendungen pro verfügbarem Zimmer, insbesondere bei Energie- und Wasserkosten. Der Einfluss auf den NOI war jedoch nicht statistisch signifikant. Im Gegensatz dazu wiesen LEED-zertifizierte Hotels höhere Betriebsaufwendungen auf, erzielten aber auch höhere Umsätze pro Zimmer. In der Regressionsanalyse war LEED mit einem signifikant niedrigeren NOI verbunden, was auf den Mehraufwand bei der Umsetzung zurückgeführt wurde. Gleichzeitig zeigten LEED-Hotels eine geringere Kostenquote relativ zu den Gesamterlösen, was auf potenzielle Effizienzvorteile hinwies. Qualitative Expertenaussagen ergänzten die Ergebnisse: Während LEED potenzielle Marketingvorteile bot und langfristige Einsparungen möglich erschienen, standen diesen höhere Implementierungskosten und Komplexität gegenüber. Die Studie unterstrich die methodischen Herausforderungen bei der Isolierung finanzieller Effekte grüner Labels und betonte die Notwendigkeit weiterer Forschung.

Zwischenfazit

Um die vorab ausgewertete, heterogene Studienlage einordnen zu können, folgt eine strukturierte Zusammenfassung der Erkenntnisse. Dafür werden die Ergebnisse in vier Cluster eingeteilt:

- A: ESG als wertsteigerndes Managementinstrument
- B: ESG als Risikomanagement
- C: Differenzierte Effekte der einzelnen ESG-Dimensionen
- D: Uneinheitliche oder negative Ergebnisse

Cluster A: ESG als wertsteigerndes Managementinstrument

Ein signifikanter Teil der Studien belegt, dass ESG-Maßnahmen zur finanziellen Wertschöpfung beitragen können. Die positiven Effekte zeigen sich insbesondere bei Kennzahlen wie ROA, Tobin's Q, Fondsrendite oder Marktwert und beruhen häufig auf optimierten operativen Prozessen, einer stärkeren Marktpositionierung oder einer verbesserten Energieeffizienz. Whelan et al. (2021) stellten fest, dass ESG-Aktivitäten in mehr als der Hälfte der untersuchten Arbeiten mit einer höheren finanziellen Performance der Unternehmen verbunden war. Auch Studien wie Velte (2017), Aydoğmuş et al. (2022) oder Devine et al (2022) bestätigten signifikante Zusammenhänge mit zentralen Erfolgskennzahlen. Im Immobilienkontext zeigten sich insbesondere bei zertifizierten Objekten deutliche Miet- und Preisprämien (vgl. Fuerst/Dalton 2019; Robinson et al. 2020; Ghosh/Petrova 2023). Weitere Studien verweisen auf positive Effekte in Bezug auf die Finanzierungskonditionen (vgl. Leutner et al. 2024) oder die Kapitalmarktbewertung (vgl. Bienert et al. 2015). ESG kann in diesen Arbeiten klar als strategisches Managementinstrument verstanden werden, das sowohl auf Unternehmens- als auch auf Objektebene zur Wertsteigerung beiträgt.

Cluster B: ESG im Risikomanagement

Ergänzend zur wertsteigernden Wirkung betonen einige Studien die Rolle von ESG für das Risikomanagement. ESG kann demnach zur Steigerung von Marktwerten sowie zur finanziellen Stabilisierung beitragen. Dies betrifft insbesondere die Fremdkapitalkosten sowie Risiken am Kapitalmarkt. So dokumentierten Devine und Yönder (2021) signifikant geringere Zinsaufwendungen bei REITs mit hohem Green Share. Auch Leutner et al. (2024) belegten für grüne Gewerbeimmobilien günstigere Finanzierungskonditionen. Kim und Li (2021) wiesen nach, dass ESG-Maßnahmen, insbesondere im Bereich Governance und Soziales, zu einer verbesserten Bonität von Unternehmen führten. Die ESG-Kommunikation wirkte in mehreren Studien risikomindernd, indem sie Informationsasymmetrien reduzierte und damit die Risikoprämien am Kapitalmarkt senkte. Whelan et al. (2021) betonten zudem die erhöhte Krisenrobustheit ESG-orientierter Unternehmen. ESG kann damit nicht nur als Performance-, sondern auch als Stabilitätsfaktor im Risikomanagement interpretiert werden.

Cluster C: Differenzierte Effekte der einzelnen ESG-Dimensionen

Zahlreiche Studien zeigen deutlich, dass die drei ESG-Dimensionen unterschiedlich stark und in unterschiedlichen Richtungen wirken. Die Governance-Dimension zeigt in vielen Arbeiten konsistent positive Effekte auf Profitabilitätskennzahlen wie ROA oder EBIT sowie auf Kreditratings (vgl. Velte 2017; Kim/Li 2021; Morri et al. 2024). Auch die Umweltkomponente wurde vielfach mit positiven Wirkungen auf Transaktionspreise, Mietniveaus oder Zinskosten in Verbindung gebracht. Wobei Investitionskosten und Amortisationszeiträume hier teilweise kritisch gesehen wurden (vgl. Leutner et al. 2024; Ghosh/Petrova 2023). Die Sozialdimension wies ein besonders gemischtes Bild auf. Während einzelne Studien positive Effekte auf Bonität und Risikowahrnehmung nachwiesen (vgl. Kim/Li 2021; Hayar et al. 2025), zeigten andere negative Zusammenhänge mit Rentabilität und operativen Aufwendungen (vgl. Morri et al. 2024). Diese heterogene Wirkung spricht für die Notwendigkeit, ESG nicht als einheitlichen Block zu betrachten, sondern jede Dimension differenziert zu analysieren und kontextbezogen zu bewerten.

Cluster D: Uneinheitliche oder negative Ergebnisse

Ein Teil der Literatur berichtet neutrale (nicht signifikante) oder negative Effekte von ESG-Maßnahmen auf die finanzielle Performance. Dies betrifft vor allem kurzfristige Rentabilitätskennzahlen oder Fälle mit hohen Vorabinvestitionen und längeren Amortisationszeiträumen. Chacon et al. (2024) stellten in ihrer Analyse von REITs einen negativen Zusammenhang zwischen ESG-Performance und Unternehmensbewertung sowie operativem Cashflow fest, den sie unter anderem auf ESG-Überinvestitionen oder pandemiebedingte Sondereffekte im Betrachtungszeitraum zurückführten. Auch Morri et al. (2024) dokumentierten negative Effekte, insbesondere für die Sozialdimension, auf ROA und Total Return. Für Hotelimmobilien zeigten Robinson und Singh (2021), dass LEED-Zertifizierungen trotz höherer Umsätze zunächst mit einem geringeren NOI verbunden waren. Die Studien verdeutlichen, dass ESG-Maßnahmen nicht per se positive finanzielle Effekte erzeugen, sondern in hohem Maße von Kontextfaktoren und Implementierungstiefe abhängig sind.

Neben den zuvor beschriebenen Ergebnissen zeigen die untersuchten Studien folgende Erkenntnisse in Abhängigkeit der Assetklassen:

Wohnimmobilien

Energieeffiziente Gebäude erzielen signifikante Mietpreisprämien. Allerdings reichen die erzielbaren Mehrerträge häufig nicht aus, die vollständigen Investitionskosten zu decken (vgl. Khazal/Sønstebø 2020; Groh et al. 2022).

Büroimmobilien

Hier zeigen sich signifikant grüne Prämien, sowohl im Hinblick auf Mieten als auch auf Transaktionspreise. Besonders hochwertige Zertifizierungen wirken sich dabei positiv auf NOI und Marktwert aus (vgl. Robinson et al. 2020; Ghosh/Petrova 2023).

Sonderimmobilien

Die Studienlage ist stark begrenzt. Es zeigen sich Hinweise, dass Zertifizierungen wie LEED bei Hotelimmobilien Umsatzvorteile schaffen können, wobei die höheren Kosten nicht immer durch NOI-Zuwächse gedeckt werden (vgl. Robinson/Singh 2021).

Handels- und Logistikimmobilien

Die Literaturrecherche hat keine einschlägigen Studien für diese Assetklassen ergeben, was auf eine Forschungslücke hinweist. Erste praxisorientierte Einschätzungen werden in Abschnitt 2.5.2 vorgestellt.

Es ist anzumerken, dass sich die teilweise widersprüchlichen Studienergebnisse auch auf methodische und kontextbezogene Unterschiede der einzelnen Studien zurückführen lassen könnten. Dazu zählen:

- Heterogene ESG-Definitionen und Bewertungsansätze (z. B. unterschiedliche Ratingagenturen).
- Verschiedene Zeiträume mit inkongruenten regulatorischen Rahmenbedingungen.
- Unterschiede in den regionalen Marktstrukturen.
- Differenzen in der Tiefe der ESG-Implementierung.

Diese Faktoren erschweren die Vergleichbarkeit und unterstreichen die Notwendigkeit kontextsensitiver Forschung.

2.5.2 Ergänzende Literatur

Wie im vorangegangenen Kapitel beschrieben, ist die Studienlage für Logistik- und Handelsimmobilien sowie für Sonderimmobilien stark beschränkt.

Zur Ergänzung wurden daher praxisnahe Branchenbeiträge herangezogen, um erste Hinweise auf ESG-Wirkzusammenhänge bei Logistik-, Handels- und Sonderimmobilien zu gewinnen.

Logistikimmobilien

ESG-Kriterien werden im Logistiksektor zunehmend als strategischer Wettbewerbsfaktor verstanden. Sie stärken die Attraktivität für Investoren, verbessern die Finanzierungsbedingungen und ermöglichen im laufenden Betrieb klare Wettbewerbsvorteile (vgl. Frank 2021: 38 bis 40). Nachhaltigkeitsstandards wie DGNB beeinflussen die Projektentwicklung, da Entwickler und Mieter das Ziel verfolgen, Betriebskosten zu senken, regulatorische Anforderungen zu erfüllen und einen aktiven Beitrag zur Transformation der Branche zu leisten (vgl. Frank 2021: 39).

ESG-Aspekte werden zunehmend als Qualitätsmerkmal gewertet, das sich unmittelbar auf den Wettbewerb um Flächen, Investoren und Fachkräfte auswirkt (vgl. Immobilien Zeitung 2021: 25). Nachhaltig zertifizierte Logistikimmobilien erzielen tendenziell höhere Marktpreise, was durch die Einführung der EU-Taxonomie und der SFDR zusätzlich verstärkt wird (vgl. Immobilien Zeitung 2022a: 5). Während früher bei der Bewertung von Logistikimmobilien lange Mietvertragslaufzeiten im Fokus standen, gelten heute insbesondere ökologische Optimierung, Energieeffizienz, Drittverwendungsfähigkeit und eine nachhaltige Bauweise als entscheidende Faktoren für den wirtschaftlichen Erfolg (vgl. Immobilien Zeitung 2022a: 5; Immobilien Zeitung 2021: 25).

In der Praxis finden ESG-Maßnahmen in vielfältiger Form Anwendung. Dazu zählen beispielsweise die Integration von Photovoltaikanlagen, energieeffiziente Beleuchtungssysteme und CO_2-neutrale Heizsysteme ebenso wie Regenwassermanagement, Dach- und Fassadenbegrünung sowie digitale Steuerungssysteme für Energie und Gebäudetechnik (vgl. Immobilien Zeitung 2022b: 11; Bohne 2023: 10). Auch Maßnahmen zur Förderung des Wohlbefindens von Mitarbeitenden, wie Sozialräume, Wellbeing-Zonen oder sanitäre Einrichtungen für Lkw-Fahrer, sowie Mobilitätslösungen wie E-Shuttles und intelligente Zufahrtssteuerung tragen zur sozialen Dimension der ESG-Kriterien bei (vgl. Immobilien Zeitung 2022b: 11; Bohne 2023: 10). Darüber hinaus gewinnen die ökologische Aufwertung von Außenflächen durch Biotope oder biodiversitätsfördernde Elemente und die Verwendung ressourcenschonender oder recycelter Baustoffe an Bedeutung (vgl. Bohne 2023: 10; Immobilien Zeitung 2021: 25).

Auch auf europäischer Ebene werden ESG-Kriterien zunehmend zum Maßstab bei Entwicklung, Vermietung und Bewertung von Logistikimmobilien (vgl. Holy-Zwickelstorfer 2023: 16). Dabei rücken die Revitalisierung brachliegender Flächen, die regionale Wärmeversorgung, die konsequente Einbindung von Photovoltaikanlagen sowie die Berücksichtigung von Nutzeranforderungen durch soziale Infrastrukturmaßnahmen in den Vordergrund (vgl. Holy-Zwickelstorfer 2023: 18). Trotz rückläufiger Neuvermietungen aufgrund der E-Commerce-Normalisierung bleibt insbesondere die Nachfrage nach ESG-konformen Flächen hoch (vgl. Holy-Zwickelstorfer 2023: 17).

Insgesamt zeigt sich, dass ESG-Kriterien in der Logistikimmobilienbranche nicht nur regulatorisch gefordert, sondern zunehmend strategisch genutzt werden. ESG-Kriterien beeinflussen zunehmend Bewertungslogiken, Projektstandards und Investitionsentscheidungen im Logistiksektor. Sie sind damit wesentlicher Bestandteil langfristiger Marktstrategien.

Handelsimmobilien

Nachhaltigkeit und Green-Building-Standards entwickeln sich zunehmend zu einem relevanten Bewertungsmaßstab für die Bewertung und Marktgängigkeit von Handelsimmobilien, da vernachlässigte Umweltaspekte die Vermietungs- und Verkaufspreise gefährden können (vgl. Wesp 2010: 63). Zertifizierungen gewinnen an Bedeutung, wobei nachhaltige Bauweisen nicht nur Imagevorteile, sondern auch messbare Energie- und Betriebskosteneinsparungen mit sich bringen (vgl. Wesp 2010: 63). Trotz fehlender einheitlicher Standards wird deutlich, dass sich Nachhaltigkeit im Handel etabliert und für langfristige Wirtschaftlichkeit und Investitionssicherheit eine zentrale Rolle spielen wird (vgl. Wesp 2010: 63).

Eine Studie von Kaufland identifizierte Nachhaltigkeit als den zentralen Zukunftstrend für Handelsimmobilien im Post-Corona-Zeitalter, gefolgt von Digitalisierung und Mixed-Use-Konzepten (vgl. Immobilien Zeitung 2020: 13). Revitalisierung und Nahversorgung spielen ebenfalls eine Rolle, wurden aber von den befragten Experten als weniger einflussreich bewertet (vgl. Immobilien Zeitung 2020: 13).

Sonderimmobilien

Auch bei Sonderimmobilien wie Rechenzentren, Laborgebäuden, Krankenhäusern oder Flughäfen ist eine zunehmende ESG-Relevanz erkennbar. Dabei stehen insbesondere die Optimierung von Betriebskosten und die Anpassung technischer Systeme im Vordergrund (vgl. Claßen/Streubel 2012: 87). Da Sonderimmobilien komplexe bauliche und technische Anforderungen aufweisen, müssen Modernisierungen und Sanierungen gezielt auf das jeweilige Nutzungskonzept abgestimmt werden (vgl. Claßen/Streubel 2012: 87). Beispiele zeigen, dass durch Maßnahmen wie Abwärmenutzung in Rechenzentren, Wärmerückgewinnung in Laboren, optimierte bauliche Anpassungen im Gesundheitswesen oder CO_2-Reduktionsprogramme an Flughäfen sowohl ökologische als auch ökonomische Potenziale ausgeschöpft werden können (vgl. Claßen/Streubel 2012: 87 bis 89). Ein systematisches, modulares Vorgehen bei der Nachhaltigkeitsanalyse, angepasst an Bausubstanz, Technik und

Nutzungsbedingungen, unterstützt dabei die schrittweise Umsetzung und stärkt langfristig die Wettbewerbsfähigkeit und Wirtschaftlichkeit dieser Immobilien (vgl. Claßen/Streubel 2012: 89).

In der Hotellerie gewinnt Nachhaltigkeit ebenfalls zunehmend an Bedeutung und wird sowohl von Gästen als auch Investoren stärker eingefordert (vgl. Stauß 2020: 22). Vorreiter der Branche setzen bereits auf konkrete Maßnahmen wie eigene Brennstoffzellen, erneuerbare Energien und standardisierte CO_2-Reduktionsziele, die sowohl ökologische als auch wirtschaftliche Vorteile bringen (vgl. Stauß 2020: 22). Gleichzeitig bestehen Herausforderungen bei der Überzeugung von Investoren, der Anpassung gesetzlicher Rahmenbedingungen und der Notwendigkeit, Gäste aktiv in nachhaltige Konzepte einzubinden (vgl. Stauß 2020: 22).

Zwischenfazit

Auch wenn die vorgestellten Beiträge keine empirische Evidenz im engeren Sinn liefern, geben sie wichtige praxisorientierte Hinweise auf ESG-Relevanzen in bislang unterrepräsentierten Assetklassen.

Genau wie die empirischen Studien liefern auch die praxisnahen Branchenbeiträge deutliche Hinweise darauf, dass ESG-Maßnahmen potenziell positive ökonomische Auswirkungen haben.

2.5.3 Forschungsbedarf

Neben der bereits identifizierten Forschungslücke hinsichtlich einzelner Assetklassen (vgl. Abschnitt 2.5.1 und 2.5.2) ergibt sich aus der Literaturanalyse folgender Forschungsbedarf:

Differenzierung nach ESG-Dimensionen

Viele Studien betrachten aggregierte ESG-Scores und trennen zwischen der E-, S- und G-Dimension nicht ausreichend.

Aufschlüsselung nach einzelnen Maßnahmen

Wenig Rückschluss gibt es auf die Frage, wie einzelne E-, S- oder G-Maßnahmen auf Objektebene jeweils geplant, umgesetzt, bewertet und strategisch priorisiert werden.

Betrachtung des deutschen Immobilienmarkts

Kaum Studien untersuchen ausschließlich den deutschen Immobilienmarkt.

Vergleiche über Assetklassen hinweg

Vergleichende Wirkungsanalysen zwischen verschiedenen Assetklassen innerhalb derselben Studie sind selten, obwohl unterschiedliche Wirkpotenziale wahrscheinlich sind.

Zeitlich verzögerte Effekte

ESG-Maßnahmen entfalten ihre Wirkung teils erst langfristig. Studien, die solche Verzögerungseffekte gezielt analysieren, fehlen weitgehend.

Die vorliegende Arbeit hat das Ziel, einige Aspekte des noch offenen Forschungsbedarfs zu untersuchen.

2.6 Entwicklung des konzeptionellen Modells

In diesem Kapitel wird das konzeptionelle Modell entwickelt, das die praktische Relevanz der Arbeit erhöht und als Entscheidungshilfe für Akteure der Immobilienwirtschaft dienen soll.

Das Modell stützt sich auf die Erkenntnisse der theoretischen Vorarbeiten:

- ESG-Maßnahmen haben das Potenzial, finanzielle Kennzahlen zu beeinflussen.
- Langfristig angelegte ESG-Maßnahmen wirken tendenziell stabiler positiv auf die ökonomische Performance als kurzfristig wirksame Maßnahmen, bei denen Investitions- oder Betriebskosten dominieren können.
- Nicht alle ESG-Dimensionen wirken gleichermaßen stark auf alle Kennzahlen.
- Einzelmaßnahmen entfalten ihre Wirkung nicht isoliert, sondern im Zusammenspiel mit anderen ESG-Aspekten.

Diese Annahmen und die Erkenntnisse aus der Analyse der ESG-Zertifizierungssysteme bilden die Grundlage für die Strukturierung des Modells, welches maßgeblich für die Erhebung und Interpretation der qualitativen Daten ist.

Das Modell basiert auf einer Matrixstruktur, in der fünf ESG-Maßnahmengruppen folgenden drei übergeordneten finanziellen Wirkdimensionen gegenübergestellt werden:

- Investition (NPV, IRR),
- Betrieb (NOI, Leerstandsquote) sowie
- Bewertung und Finanzierung (Verkehrswert, LTV).

Die zu betrachtenden ESG-Maßnahmen sind thematisch gebündelt und von den ESG-Kriterien der vorgestellten Zertifizierungssysteme abgeleitet, insbesondere aus dem DGNB-Kriterienkatalog (vgl. Abschnitt 2.3). Dies gewährleistet, dass typische Anforderungen aus der Praxis widergespiegelt werden, beispielsweise Energieeffizienz, Materialeinsatz, Innenraumqualität oder Prozessqualität. Die Orientierung an etablierten Zertifizierungssystemen sichert eine hohe Anschlussfähigkeit an die Praxis und vereinfacht den Transfer der Ergebnisse in Entscheidungsprozesse.

Das folgende Schaubild 2.3 veranschaulicht die Logik des konzeptionellen Modells (Abbildung 2.3):

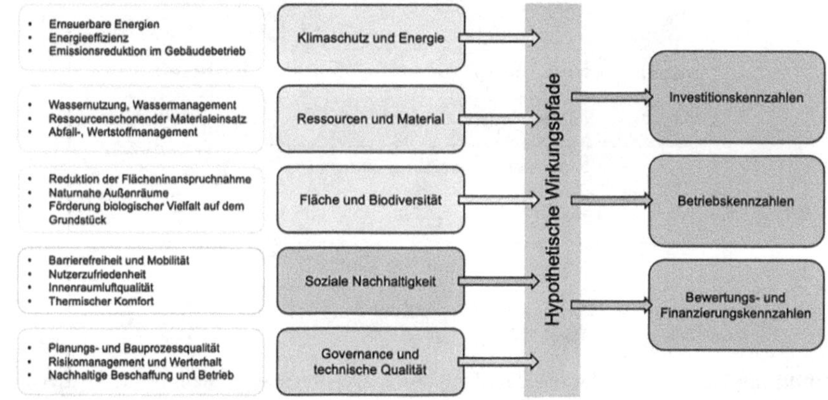

Abbildung 2.3 Modellogik. (Quelle: Eigene Darstellung)

Im Folgenden (Abbildung 2.4) wird das Modell bereits als leeres Gerüst abgebildet, um ein besseres Verständnis zu schaffen:

ESG-Maßnahmen \ Finanzkennzahlen	Investition (NPV; IRR)	Betrieb (NOI; LQ*)	Bewertung; Finanzierung (VW**; LTV)
1. Klimaschutz und Energie			
2. Ressourcen und Material			
3. Fläche und Biodiversität			
4. Soziale Nachhaltigkeit			
5. Governance und technische Qualität			

Abbildung 2.4 Struktur des konzeptionellen Modells (vor Befüllung). (Quelle: Eigene Darstellung) (* = *Leerstandsquote,* ** = *Verkehrswert*)

Die Befüllung des Modells erfolgt entsprechend folgender Legende (Abbildung 2.5):

Symbol	Bedeutung	Farbcode
+ +	Starker positiver Einfluss	
+	Schwacher positiver Einfluss	
o	Kein Einfluss	
-	Schwacher negativer Einfluss	
- -	Starker negativer Einfluss	

Abbildung 2.5 Legende für die Befüllung des konzeptionellen Modells. (Quelle: Eigene Darstellung)

Die Matrix ist als flexibles Analyseinstrument zu verstehen, das sowohl übergreifende Erkenntnisse als auch differenzierte Einzelfallanalysen ermöglicht.

Um kontextbezogene Unterschiede erfassen zu können, wird die Assetklasse als moderierender Faktor in die Analyse einbezogen. Unterschiede in der ökonomischen Relevanz einzelner Maßnahmen je nach Nutzungsart sind aufgrund der Studienergebnisse zu erwarten und sollen daher zusätzlich abgefragt werden.

Empirischer Teil

3

Ziel dieses Kapitels ist es, zuerst das methodische Vorgehen transparent darzustellen. Daraufhin werden die interviewten Experten vorgestellt. Es folgt abschließend die Darstellung der Ergebnisse der Experteninterviews.

3.1 Methodisches Vorgehen

Forschungsdesign

Um die Zusammenhänge zwischen ESG-Maßnahmen und ausgewählten Finanzkennzahlen im Kontext der Immobilien zu analysieren, wurde ein qualitatives sowie exploratives Forschungsdesign gewählt.

Explorative Forschung dient dazu, ein bisher wenig erforschtes Themengebiet zu erkunden, das wissenschaftliche Problembewusstsein zu schärfen und grundlegende Informationen für die Bildung neuer Hypothesen zu sammeln. Diese Methode findet besonders dann Anwendung, wenn noch keine gesicherten theoretischen Annahmen oder belastbare Daten vorliegen (vgl. Kaiser 2021: 34, 40; Bogner et al. 2014: 23).

Es wurde sich bewusst gegen ein quantitatives Forschungsdesign entschieden. Unter quantitativer Forschung ist eine wissenschaftliche Methode zu verstehen, die darauf abzielt, numerische Daten zu erfassen und statistisch auszuwerten, um so

Ergänzende Information Die elektronische Version dieses Kapitels enthält Zusatzmaterial, auf das über folgenden Link zugegriffen werden kann https://doi.org/10.1007/978-3-658-51686-4_3.

N. Z. Sachs, *Modellierung des Zusammenhangs von ESG-Kriterien und ausgewählten Finanzkennzahlen*, BestMasters,
https://doi.org/10.1007/978-3-658-51686-4_3

Aussagen über Verhalten oder Einstellungen zu messen und Hypothesen zu überprüfen (vgl. Oehlrich 2022: 133, 139). Für den in dieser Arbeit zu untersuchenden Themenbereich liegen nur wenige gesicherte empirische Daten vor, weshalb ein qualitatives Vorgehen zu bevorzugen ist (vgl. Oehlrich 2022: 135; KPMG 2023: 23, 25).

Erhebungsmethode

Die Erhebung erfolgte mithilfe halbstrukturierter Experteninterviews, die anhand eines theoretisch fundierten, aber praxisbezogenen Leitfadens durchgeführt wurden. Der Leitfaden basierte auf dem in Abschnitt 2.6 vorgestellten konzeptionellen Modell und strukturierte die Interviews, ohne Antwortmöglichkeiten vorzugeben. Dies gewährleistete die Erfassung zusätzlich relevanter Aspekte. Der Interviewleitfaden wurde zur Orientierung genutzt, um alle relevanten Themenbereiche abzudecken (vgl. Bogner et al. 2014: 27). Anders als bei standardisierten Interviews bestand die Möglichkeit, Fragen situativ anzupassen und so das Gespräch individuell auf die jeweiligen Experten zuzuschneiden (vgl. Bogner et al. 2014: 30). Der Leitfaden diente primär als Gedächtnisstütze und Orientierungshilfe und nicht als starres Fragenskript (vgl. Bogner et al. 2014: 28). Dieses methodische Vorgehen entspricht dem explorativen Anspruch der Arbeit und erlaubt Offenheit für neue Perspektiven und empirisch unerwartete Zusammenhänge.

Die Befragung erfolgte entlang der fünf ESG-Maßnahmengruppen des Modells. Für jede Gruppe wurden Fragen zu den finanziellen Wirkdimensionen gestellt: Investition (NPV, IRR), Betrieb (NOI, Leerstandsquote) sowie Bewertung und Finanzierung (Verkehrswert, LTV). Ergänzend wurden Abschlussfragen integriert, um Raum für zusätzliche Perspektiven und bisher nicht erfasste Aspekte zu lassen. Der Interviewleitfaden kann im elektronischen Zusatzmaterial eingesehen werden.

Die Interviews dauerten zwischen 40 und 70 Minuten und fanden per Videokonferenz statt. Alle Gespräche wurden mit ausdrücklichem Einverständnis der befragten Experten aufgezeichnet und anschließend transkribiert. Die Transkripte wurden vollständig anonymisiert, sodass weder ein Rückschluss auf die befragte Person noch auf den Arbeitgeber möglich ist.

Insgesamt wurden zehn Interviews durchgeführt. Ziel war es, so viele Gespräche zu führen, bis keine vollständig neuen Erkenntnisse mehr gewonnen wurden. (vgl. Glaser/Strauss 1998: 69; zit. n. Bogner et al. 2014: 37).

Die Kontaktaufnahme erfolgte zuerst über das persönliche Netzwerk. Zudem wurden potenziell relevante Unternehmen, Behörden, Forschungsinstitute und auch Einzelpersonen mit umfangreicher Internetrecherchen identifiziert und per E-Mail oder über Netzwerkplattformen wie LinkedIn oder Xing kontaktiert. Dabei wurde bei der Expertenauswahl auf folgende Kriterien geachtet:

- Der Experte hat einen direkten und unmittelbaren Bezug zur Immobilienbranche.
- Der Experte hat einen relevanten Praxisbezug zu ESG-Themen im Arbeitsalltag.
- Der Experte hat ein ausgeprägtes Verständnis für ökonomische Zusammenhänge und einschlägige Finanzkennzahlen.
- Der Experte hat mindestens einen akademischen Masterabschluss, ein Diplom oder einen Meistertitel.
- Der Experte verfügt über mindestens 3 Jahre einschlägige Berufserfahrung.

Die Experten mussten keine Spezialisten für eine bestimmte Assetklasse sein, sondern konnten generalistisch ausgerichtet sein. Dies gewährleistete, dass ausreichend Interviewpartner ermittelt werden konnten. Die Experten wurden im Rahmen der Interviews jedoch gebeten, ihre Einschätzungen hinsichtlich Nutzungsarten zu spezifizieren.

Datenauswertung

Für die Auswertung der leitfadengestützten Experteninterviews wurde die Methode der inhaltlich strukturierenden qualitativen Inhaltsanalyse nach Kuckartz und Rädiker (2022) herangezogen. Diese Methode ermöglicht eine systematische und theoriegeleitete Aufbereitung qualitativer Daten entlang vordefinierter (deduktiver) Kategorien, ergänzt um induktive Kategorienbildung. Die Methode eignet sich besonders zur Analyse komplexer Zusammenhänge auf Basis fundierter theoretischer Konzepte. Ziel ist es nicht, einzelne Aussagen zu bewerten, sondern sie inhaltlich zu strukturieren, vergleichbar zu machen und in einen Zusammenhang zu setzen (vgl. Kuckartz/Rädiker 2022: 129 bis 130).

In dieser Arbeit wurden die Hauptkategorien aus dem konzeptionellen Modell und dem Interviewleitfaden abgeleitet. Subkategorien wurden flexibel aus dem Material entwickelt. So gelang es, die Forschungsfrage theoriegestützt zu bearbeiten und gleichzeitig neue, im Interviewverlauf auftretende Aspekte zu berücksichtigen (vgl. Kuckartz/Rädiker 2022: 132 bis 136).

Bewusst wurde auf die evaluative Inhaltsanalyse verzichtet. Zwar erlaubt diese eine Bewertung der Aussagen nach Relevanz oder Grad der Zustimmung, sie setzt jedoch entweder eine explizite Bewertung durch die Befragten oder interpretative Zuschreibungen durch den Forschenden voraus. Da der Fokus dieser Arbeit auf der inhaltlich-strukturellen Analyse und nicht auf einer quantitativen Bewertung liegt, erschien dieser Ansatz methodisch nicht angemessen. Auch aufgrund der dünnen quantitativen Datenlage im ESG-Bereich sowie der verhältnismäßig geringen Fallzahl war eine evaluative Inhaltsanalyse nicht vertretbar (vgl. Kuckartz/Rädiker 2022: 158 bis 163).

Die typenbildende Inhaltsanalyse wurde ebenfalls nicht angewandt, da sie auf die Bildung von Falltypen zielt und eine andere analytische Logik verfolgt. Im Mittelpunkt dieser Arbeit sollte nicht die Klassifikation der Interviewpartner stehen, weshalb die typenbildende Inhaltsanalyse auszuschließen war (vgl. Kuckartz/Rädiker 2022: 176 bis 181).

Insgesamt bietet die inhaltlich strukturierende Inhaltsanalyse einen methodisch klaren, nachvollziehbaren und theoriegeleiteten Rahmen. Durch die Kombination von Struktur und Offenheit wurde eine hohe analytische Tiefe bei gleichzeitigem Erkenntnisgewinn ermöglicht im Sinne einer fundierten und methodisch stringenten qualitativen Auswertung.

Das folgende Schaubild 3.1 zeigt die schrittweise Vorgehensweise der Inhaltsanalyse nach Kuckartz und Rädiker:

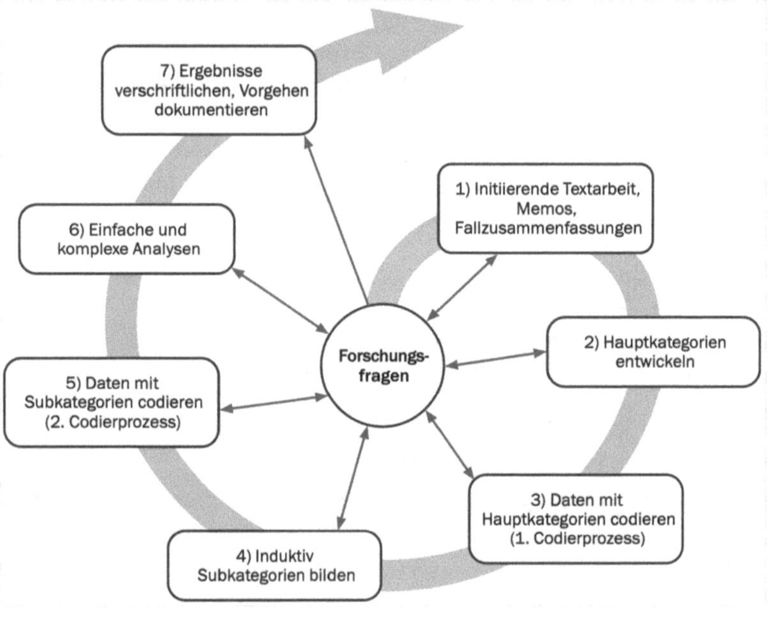

Abbildung 3.1 Vorgehensweise Inhaltsanalyse. (Quelle: Entnommen aus Kuckartz/Rädiker 2022: 132)

Die abgebildete Vorgehensweise wurde für die Datenauswertung der vorliegenden Arbeit angewandt und wird im Folgenden näher erläutert.

Die finalen, anonymisierten Transkripte wurden in MAXQDA, einer Software für optimierte qualitative Datenanalyse, hochgeladen und bearbeitet.

Ausgangspunkt bildete die initiierende Textarbeit, bei der die transkribierten Interviews sorgfältig gelesen und sofern sinnvoll mit Memos versehen wurden. Zusätzlich wurde für jedes Interview eine sogenannte Fallzusammenfassung ergänzt.

Es folgte die Entwicklung der Hauptkategorien. Wie bereits beschrieben, wurden die Hauptkategorien aus dem konzeptionellen Modell und dem Interviewleitfaden abgeleitet. Bereits bei der Definition des Kategoriensystems wurde darauf geachtet, dass sich die Kategorien als Strukturierungspunkte für den späteren Ergebnisbericht eignen und nicht zu differenziert oder umfassend sind (vgl. Kuckartz/Rädiker 2022: 135).

Im ersten Codierdurchgang wurden in jedem Interview alle relevanten Textstellen den Hauptkategorien zugeordnet. Dabei wurde beachtet, dass ein codiertes Segment auch losgelöst des Kontexts noch verständlich war (vgl. Kuckartz/Rädiker 2022: 136).

Anschließend erfolgte die induktive Kategorienbildung von Subkategorien am Material, wodurch neue inhaltliche Aspekte erfasst wurden (vgl. Kuckartz/Rädiker 2022: 138). Die Subkategorien sollten so einfach wie möglich und gleichzeitig so differenziert wie nötig sein (vgl. Kuckartz/Rädiker 2022: 139).

Im zweiten Codierdurchgang wurde das Material dann entlang der erweiterten Kategorienstruktur tiefergehend analysiert und relevante Textstellen den Subkategorien zugeordnet (vgl. Kuckartz/Rädiker 2022: 142 bis 143).

Es folgten die Analysen, um den Ergebnisbericht vorzubereiten. Zuerst wurde eine kategorienbasierte Analyse durchgeführt, wobei auch Zusammenhänge zwischen den einzelnen Haupt- und Subkategorien betrachtet wurden. Außerdem wurde fallübergreifend auf die Häufigkeit ähnlicher Aussagen geachtet sowie besonders gegensätzliche Aussagen herausgearbeitet. Für bestimmte, komplexe Abschnitte wurde zudem eine vertiefende Analyse des entsprechenden Abschnitts vorgenommen (vgl. Kuckartz/Rädiker 2022: 147).

Zuletzt wurden die Ergebnisse der Schritte eins bis sechs verschriftlicht (vgl. Abbildung 3.1). Bereits während der ersten sechs Schritte wurden immer wieder wichtige Erkenntnisse notiert und so Entwürfe für einzelne Abschnitte des Ergebnisberichts erarbeitet (vgl. Kuckartz/Rädiker 2022: 154). Beim Verfassen des Berichts wurde sich stets an der Forschungsfrage und dem entwickelten Modell orientiert, um sicherzustellen, dass die Inhalte tatsächlich zur Beantwortung der Frage und Befüllung des Modells beitragen. Die Ergebnisdarstellung kann Abschnitt 3.3 entnommen werden.

3.2 Expertenvorstellung

In diesem Kapitel bekommt der Leser einen Überblick zu den befragten Experten, um die Ergebnisse der Studie besser einordnen zu können. Die Untersuchung stützt sich auf Interviews mit insgesamt zehn Experten aus verschiedenen Bereichen der Immobilienwirtschaft, der Finanzdienstleistungsbranche sowie der baunahen Industrie. Die Befragten verfügen über langjährige Berufserfahrung in leitenden oder strukturierenden Funktionen und bringen spezifisches Know-how zum Umgang mit ESG-Themen in ihren jeweiligen Fachbereichen ein.

B1 ist in leitender Funktion bei einem Projektentwickler tätig und verantwortet die technische und wirtschaftliche Gesamtsteuerung großvolumiger Immobilienprojekte. ESG-Themen spielen für seine Tätigkeit eine zunehmende Rolle, insbesondere im Hinblick auf regulatorische Anforderungen sowie Investoren- und Nutzererwartungen.

B2 arbeitet im Bereich des strategischen Business-Development bei einer auf Immobilien spezialisierten Kapitalverwaltungseinheit innerhalb einer Bank. Die Tätigkeit umfasst insbesondere die Konzeption und Strukturierung institutioneller Immobilienfonds in verschiedenen Assetklassen.

B3 leitet den ESG-Bereich eines internationalen Immobilieninvestmentmanagers und ist für die konzernweite Nachhaltigkeitsstrategie einschließlich regulatorischer Compliance und der Koordination ESG-relevanter Aktivitäten verantwortlich.

B4 ist im Immobilienfondsmanagement eines großen Vermögensverwalters tätig und agiert als Schnittstelle zwischen ökonomischer Fondssteuerung und ESG-Integration. Der Experte begleitet unter anderem ESG-Maßnahmen im Hinblick auf deren Wirkung auf Immobilienperformance und Portfoliowerte.

B5 verfügt über langjährige Erfahrung in der immobilienwirtschaftlichen Beratung mit Schwerpunkt auf Wertermittlung und transaktionsnaher Analyse. Die ESG-Relevanz ergibt sich insbesondere aus Bewertungsfragen im Rahmen von Due Diligence, IFRS-Anforderungen und Mandantenberatung.

B6 ist in einer geschäftsführenden Position bei einer Kapitalverwaltungsgesellschaft tätig und verantwortet das Fondsmanagement, das Asset Management sowie den Ankaufsprozess. ESG-Aspekte werden hier zunehmend auf Portfolioebene berücksichtigt.

B7 arbeitet im Portfoliomanagement eines Debt-Advisors und begleitet die Strukturierung und Überwachung kreditfinanzierter Immobilieninvestitionen. Parallel dazu ist der Experte mit dem Aufbau eines ESG-Due-Diligence-Prozesses im Unternehmen betraut.

B8 ist als Sustainability Manager bei einem Immobilieninvestmentmanager tätig und bearbeitet ESG-relevante Themen sowohl auf Fonds- als auch auf Objektebene. Der Aufgabenbereich umfasst ESG-Reporting, regulatorische Anpassungen sowie die Entwicklung nachhaltigkeitsbezogener Fondskonzepte.

B9 ist als Bauingenieur in der Projektentwicklung tätig und begleitet Immobilienprojekte über alle Leistungsphasen hinweg. ESG-Aspekte werden dabei zunehmend in die Planungsprozesse integriert, insbesondere im Hinblick auf nachhaltige Bauweisen und technische Standards.

B10 ist in der Nachhaltigkeitsberatung für die Immobilienwirtschaft tätig, mit Schwerpunkt auf der Entwicklung von ESG-Strategien auf Unternehmens- und Portfolioebene. Die Tätigkeit umfasst u. a. Nachhaltigkeitsberichterstattung, regulatorische Beratung sowie die strategische Begleitung institutioneller Kunden.

Die folgende Tabelle 3.1 fasst die Tätigkeitsbereiche übersichtlich zusammen:

Tabelle 3.1 Überblick der interviewten Experten

Tätigkeitsbereich	Befragte
Projektentwicklung und Bau (technisch wirtschaftlich)	B1; B9
Fonds-, Asset- und Investmentmanagement	B2, B3, B4, B6, B8
Immobilienfinanzierung (Debt Advisory)	B7
Immobilienbewertung und Strategieberatung	B5
Nachhaltigkeitsberatung	B10

(Quelle: Eigene Darstellung)

Die Verteilung der Experten über unterschiedliche Wertschöpfungsstufen, Fachbereiche und ESG-Verantwortlichkeiten ermöglicht eine vielschichtige

Betrachtung. Die Kombination technischer, finanzieller und regulatorischer Perspektiven versucht einen entscheidenden Beitrag zur Tiefe und Validität der Analyse zu leisten.

Ursprünglich war angestrebt, Experten aus möglichst vielen, diversen Gruppen zu interviewen. Darunter Immobilienfondsmanager, ESG-Beauftragte, ESG-Berater, Projektentwickler, Forschungseinrichtungen, Behörden etc. Ziel war es, das finanzwirtschaftliche Spektrum, technische Umsetzungsperspektiven, regulatorische Einbettungen sowie wissenschaftlich-systematische Sichtweisen auf ESG-Kriterien und deren finanzielle Wirkung zu erfassen.

Trotz einer sehr hohen Rücklaufquote auf die Interviewanfragen (nahezu alle Adressierten reagierten) konnte keine Einbindung aller Gruppen erzielt werden. Mit behördlichen und forschungsnahen Institutionen konnte kein Interview vereinbart werden. In der technischen Gruppe konnte lediglich ein kleiner Bruchteil der potenziellen Gesprächspartner für ein Interview gewonnen werden. Die Begründungen für die Absagen zeigten bereits erste Erkenntnisse zur gegenwärtigen Auseinandersetzung mit dem zu untersuchenden Thema.

Seitens der Forschung wurde vielfach darauf verwiesen, dass es an zuständigen Personen oder etablierten Forschungssträngen fehlt, die sich mit den ökonomischen Effekten einzelner ESG-Maßnahmen auf immobilienwirtschaftliche Kennzahlen befassen. Zwar ist ESG in der wissenschaftlichen Diskussion angekommen, jedoch zumeist im Kontext einer übergeordneten Betrachtungsweise. Eine kleinteilige Verknüpfung einzelner ESG-Kriterien mit ökonomischen Performanceindikatoren auf Objektebene liegt außerhalb der dortigen Forschungsthemen. Dies lässt darauf schließen, dass der gewählte Forschungsschwerpunkt dieser Arbeit eine methodische und inhaltliche Lücke adressiert, die bislang kaum in diesem Detailgrad untersucht wird.

Ähnlich gelagert waren die Rückmeldungen der Behörden. Zwar wurde häufig Gesprächsbereitschaft signalisiert, jedoch folgte regelmäßig der Hinweis, dass das Thema außerhalb der fachlichen Zuständigkeit liegt. In auffallend vielen Fällen wurde auf andere Behörden verwiesen, was teils zu zirkulären Weiterleitungen führte. Dies deutet auf eine institutionelle Fragmentierung hin. ESG-Themen, insbesondere in der Verknüpfung mit betriebswirtschaftlichen Wirkmechanismen, sind in den Strukturen der öffentlichen Hand offenbar nicht eindeutig verortet. Mehrfach wurde betont, dass spezifischen Kausalzusammenhänge in der behördlichen Praxis nicht erfasst werden, weder systematisch noch einzelfallbezogen. Die Abwesenheit entsprechender Zuständigkeiten legt nahe, dass die finanzielle Bewertung von ESG-Maßnahmen keine etablierte Rolle einnimmt. Es wirft die Frage auf, inwiefern Behörden auf dieser Grundlage und mit offensichtlicher Wissenslücke, ESG-Maßnahmen in der Immobilienwirtschaft richtig bewerten und steuern können.

Für die technisch geprägten Akteure aus Planung, Bau und Entwicklung zeigte sich ein anderes Muster. Hier war zwar grundsätzlich ESG-Kompetenz vorhanden, jedoch bestand nur in seltenen Fällen ein Bezug zur finanziellen Wirkungsebene. Die durchgeführten Maßnahmen im ESG-Bereich werden meist nicht anhand finanzieller KPIs bewertet. Es lässt vermuten, dass die Kenntnis von Kennzahlen wie IRR, NPV oder LTV in diesen Rollen typischerweise nicht vorausgesetzt oder nicht angewandt wird. Die Verantwortung für die wirtschaftliche Bewertung ESG-bezogener Maßnahmen liegt dort zumeist bei Investitions- oder Nachhaltigkeitsabteilungen, nicht bei den technischen Projektbeteiligten selbst, sodass die Wirkzusammenhänge zwischen beiden Bereichen kaum bewertet werden können.

In Summe lässt sich ableiten, dass die thematische Schnittstelle zwischen ESG-Kriterien und immobilienwirtschaftlichen Finanzkennzahlen primär im investoren-geprägten Teil der Branche verankert ist. Die nicht (vollumfänglich) erreichte Einbindung dieser Gruppen weist auf eine strukturelle Verengung der ESG-Debatte hin. Wo finanzielle Wirkzusammenhänge fehlen oder nicht adressiert werden, können auch keine Aussagen über deren Effekte getroffen werden. Dieser Umstand wird als erste Erkenntnis im Sinne eines blinden Flecks in Praxis und Forschung verstanden und stärkt die Relevanz dieser Studie.

3.3 Ergebnisdarstellung

In diesem Kapitel werden die Interviewergebnisse entlang des Leitfadens und somit indirekt entlang des konzeptionellen Modells beschrieben.

Für die Ergebnisdarstellung wird aus den Interviewtranskripten zitiert. Die Angabe „B“ steht für die befragte Person. Im Unterschied zur Zitation aus wissenschaftlicher Fachliteratur erfolgt der Nachweis nicht über Seitenzahlen, sondern über die jeweilige Position im Transkript.

3.3.1 Klimaschutz und Energie

Zuerst wird der Maßnahmenblock „Klimaschutz und Energie“ betrachtet. Beispielhafte Einzelmaßnahmen sind der Einsatz erneuerbarer Energien, die Erhöhung der Energieeffizienz von Gebäuden sowie die Reduktion betriebsbedingter Emissionen.

Investitionskennzahlen

Die Interviewpartner identifizierten einen zentralen Zielkonflikt bezüglich der Auswirkungen auf Investitionskennzahlen. Maßnahmen wie energieeffiziente Gebäudehüllen, Photovoltaikanlagen oder andere CO_2-arme Energielösungen sind typischerweise mit hohen Anfangsinvestitionen verbunden. Der Zeitpunkt der Amortisation kann stark variieren und hängt maßgeblich von Faktoren wie der Nutzungsklasse und der Lage ab (vgl. B1: 13; B3:19; B5: 36; B6: 17; B9: 14).

Mehrere Interviewpartner betonten, dass die entstehenden Mehrkosten solcher Maßnahmen kurzfristig zu einem Rückgang der IRR führen können, da sich die Investitionen nicht immer unmittelbar in einer Wertsteigerung widerspiegeln (vgl. B1: 13; B2: 17; B3: 19; B5: 34; B8: 9).

Der Interviewpartner B5 formulierte dies wie folgt:

> *„Das ist so ein bisschen auch die Krux momentan in der Branche […], dass viele Maßnahmen, die eigentlich energetisch sinnvoll sind, weil der Energieverbrauch gesenkt wird, weil das Objekt in einen besseren Zustand versetzt wird […], sich monetär aber trotzdem nicht rechnen" (B5: 34).*

Insbesondere bei wohnwirtschaftlich genutzten Immobilien stellt sich die Frage nach der Kapitalisierbarkeit energetischer Maßnahmen. Regulatorische Rahmenbedingungen zur Mietpreisgestaltung sowie die begrenzte wirtschaftliche Leistungsfähigkeit vieler Mieter schränken die Durchsetzbarkeit signifikanter Mietsteigerungen ein (vgl. B5: 35; B6: 20).

Gleichzeitig wurde von einigen Interviewpartnern betont, dass positive Effekte auf IRR und NPV durchaus möglich sind. Insbesondere bei langfristigen Haltestrategien, bei Bestandsobjekten mit Modernisierungsbedarf oder in Kombination mit verfügbaren Fördermitteln. Auch durch gesenkte Betriebskosten können Maßnahmen im Bereich „Klimaschutz und Energie" mittelbar zur Steigerung von IRR und NPV beitragen (vgl. B3: 18; B6: 17; B8: 9).

Energetische Verbesserungen führen zu einer qualitativen Aufwertung des Objekts, was sich positiv auf den NPV auswirkt (vgl. B5: 33).

Die ESG-Konformität verbessert zudem die Positionierung der Immobilie am Markt (vgl. B1: 12).

Energetisch hochwertige Immobilien weisen im Exitszenario eine gesteigerte Liquidität auf, was die Attraktivität für Investoren erhöht und langfristig einen stabilen Cashflow unterstützt (B4: 23).

Darüber hinaus wurde hervorgehoben, dass ambitionierte Maßnahmen im Bereich Energieeffizienz insbesondere dann vorteilhaft auf die IRR wirken, wenn

ESG-affine Mietergruppen adressiert werden und somit eine höhere Drittverwendungsfähigkeit entsteht (vgl. B9: 14).

Betriebskennzahlen

Die Auswirkungen von Maßnahmen im Bereich „Klimaschutz und Energie“ auf Betriebskennzahlen wurden von den Interviewten durchweg positiv bewertet.

Ein wiederkehrendes Thema war die positive Wirkung auf den NOI durch sinkende Betriebskosten, insbesondere durch Maßnahmen zur Steigerung der Energieeffizienz und den Einsatz regenerativer Energien (vgl. B1: 15; B3: 21; B4: 25).

Mehrere Gesprächspartner führten konkrete Praxisbeispiele an, bei denen durch Maßnahmen wie die Umrüstung auf LED-Technologie oder die Nutzung von Photovoltaikanlagen eine spürbare Reduktion der Energie- und Nebenkosten realisiert wurde. Diese Einsparungen wirken sich positiv auf den NOI aus (vgl. B2: 20; B7: 30; B10: 20).

Darüber hinaus wurde häufig hervorgehoben, dass niedrigere Nebenkosten die Attraktivität des Gebäudes für den Mieter erhöhen. Energieeffiziente Gebäude lassen sich nach Einschätzung mehrerer Befragter häufig schneller und einfacher vermieten. Zudem eröffnen sie Potenzial zur Durchsetzung höherer Mietpreise, was den NOI weiter positiv beeinflusst. Auch die Leerstandsquote kann durch solche Maßnahmen gesenkt werden, da viele Nutzer eigene ESG-Vorgaben erfüllen müssen und folglich gezielt ESG-konforme und energieeffiziente Flächen nachfragen (vgl. B1: 15; B2: 19; B3: 21; B4: 25; B6: 19 bis 20; B7: 30; B8: 11; B9: 16).

In diesem Zusammenhang wurde von mehreren Interviewpartnern auf eine verbesserte Marktpositionierung solcher Immobilien verwiesen (vgl. B2: 19; B5: 38; B7: 30).

Dieser Effekt zeigt sich besonders ausgeprägt in sekundären Lagen sowie bei gewerblich genutzten Immobilien, insbesondere im Bürosegment. Hier bieten ESG-konforme Gebäude einen signifikanten Wettbewerbsvorteil (vgl. B5: 39; B6: 20; B7: 30).

Lediglich beiläufig wurde angemerkt, dass umfangreichere Maßnahmen, wie die Anbringung einer Wärmedämmung an der Gebäudehülle, kurzfristig zu Leerständen führen können. Die Befragten schätzten die temporäre Belastung des NOI jedoch als vernachlässigbar ein, da der langfristige Mehrwert der Maßnahme überwiegt (vgl. B3: 21; B8: 11).

Bewertung und Finanzierung

Im Bereich der Bewertung berichteten mehrere Experten von signifikanten Effekten energieeffizienter Gebäude auf den Verkehrswert. Eine verbesserte Energieeffizienz oder durchgeführte energetische Sanierungsmaßnahmen beeinflussen dabei zentrale Parameter der Wertermittlung wie die Restnutzungsdauer, die Marktmiete und gegebenenfalls die Marktpositionierung eines Objekts positiv. Dies kann in Bewertungsmodellen zu einem höheren Verkehrswert führen (vgl. B3: 23; B5: 42; B6: 24; B10: 22).

Auch die Einbindung von Nachhaltigkeitszertifizierungen, wie beispielsweise DGNB, fließt vermehrt in die Wertermittlung ein und kann zur Aufwertung der Immobilie beitragen. Die Erfüllung von ESG-Vorgaben institutioneller Investoren wird ebenfalls als wertsteigernd wahrgenommen (vgl. B1: 17).

Allerdings wurde auch darauf hingewiesen, dass ESG-Maßnahmen bislang nicht flächendeckend und systematisch in Bewertungsgutachten einfließen (vgl. B7: 32).

Ein Befragter merkte kritisch an, dass die zusätzliche CapEx-Last energetischer Maßnahmen nicht immer vollständig in der Bewertung abgebildet wird. Dies kann zu einer Verzerrung des Verhältnisses zwischen Aufwand und potenziellem Wertzuwachs führen. Daher ist es wichtig, dass technische Asset Manager die Immobilien individuell betreuen und beurteilen, welche Maßnahmen im Einzelfall tatsächlich sinnvoll sind (vgl. B2: 23).

Auch im Bereich der Immobilienfinanzierung zeigen sich klare Trends zugunsten ESG-konformer Objekte. Zahlreiche Gesprächspartner beobachten, dass insbesondere energieeffiziente Immobilien zunehmend bevorzugt finanziert werden, vor allem durch Finanzinstitute mit expliziter ESG-Strategie. Ein zentraler Einflussfaktor ist hier meist ein besseres ESG-Rating, das die Finanzierungsentscheidungen maßgeblich beeinflussen kann (vgl. B1: 17; B3: 24; B4: 25; B5: 45; B7: 27; B8: 13; B9: 18).

Maßnahmen im Bereich „Klimaschutz und Energie" tragen dazu bei, dass Banken die Zukunftsfähigkeit und das Exitszenario entsprechender Immobilien positiver bewerten und dadurch das Risiko geringer einschätzen (vgl. B5: 44; B6: 23; B7: 32; B10: 24).

Als mögliche Vorteile wurden Zinsnachlässe, höhere Beleihungsausläufe und verbesserte Kreditkonditionen bei KfW-geförderten Projekten oder Green Bonds genannt (vgl. B1: 17; B4: 25; B7: 32).

Die bevorzugte Finanzierung energieeffizienter Immobilien ist auch darauf zurückzuführen, dass Finanzinstitute zunehmend eigene ESG-Messgrößen einhalten und offenlegen müssen. Beispielsweise die Green Asset Ratio im Rahmen der

SFDR und der EU-Taxonomie. Das erleichtert zusätzlich den Zugang zu Kapital für ESG-konforme Projekte (vgl. B3: 24; B5: 43; B6: 22).

Gleichzeitig wurde von mehreren Interviewten betont, dass die Finanzierungsvorteile nicht einheitlich gelten. Unterschiede bei Banken und Bewertungsansätzen führen zu einer heterogenen Umsetzung. Während insbesondere skandinavische Institute ESG-Kriterien bereits systematisch berücksichtigen und Zinsabschläge zwischen 0 und 20 Basispunkten möglich sind, bieten andere Institute derzeit keine oder keine standardisierten Anreize (vgl. B2: 22; B3: 23; B8: 13; B9: 18; B10: 24).

Ein Gesprächspartner verwies auf den bestehenden Forschungsbedarf hinsichtlich der konkreten Wirkung einzelner Maßnahmen auf die Finanzierungsstruktur (vgl. B8: 13).

3.3.2 Ressourcen und Material

Der folgende Abschnitt beschreibt die Ergebnisse der Experteninterviews bezüglich des Maßnahmenblocks „Ressourcen und Material". Potenzielle Maßnahmen in diesem Bereich sind Wassernutzungs- und Wassermanagementsysteme, ein ressourcenschonender Materialeinsatz sowie Abfall- und Wertstoffmanagement.

Die Interviews zeigten deutlich, dass der wirtschaftliche Impact dieses Maßnahmenblocks als weniger relevant im Vergleich zu dem Block „Klimaschutz und Energie" wahrgenommen wird (vgl. B2: 27; B4: 28; B7: 35; B10: 28).

Innerhalb dieses Bereichs wurde das Wasser- und Abfallmanagement als der relevanteste Aspekt eingeschätzt (vgl. B5: 48; B4: 28; B10: 28).

Investitionskennzahlen

Einige Befragte führten aus, dass der Einsatz wassersparender Technologien oder recycelbarer Materialien mit erhöhten Baukosten und längeren Projektlaufzeiten verbunden ist. Das führt laut Expertenaussagen zu steigenden Anfangsinvestitionen, was sich insbesondere bei einer kurzfristigen Betrachtung oder fehlenden Förderungen negativ auf die IRR auswirken kann (vgl. B1: 20; B3: 27; B8: 18).

Auch wurde angemerkt, dass diese Maßnahmen in diesem Bereich nur dann positiv auf den NPV wirken, wenn sie explizit eingepreist und von Käufern honoriert werden, was in der Praxis bislang nicht immer der Fall ist (vgl. B1: 20).

Zwei Interviewpartner äußerten grundsätzlichen Zweifel an der wirtschaftlichen Relevanz dieses Maßnahmenblocks. Es wurde darauf hingewiesen, dass ressourcenschonender Materialeinsatz oder Wassermanagementsysteme in der Praxis häufig keinen spürbaren Einfluss auf den NPV entfalten, insbesondere dann, wenn es von den Nutzern nicht unmittelbar wahrgenommen wird oder in marktüblichen Bewertungsverfahren noch keine Berücksichtigung findet (vgl. B2: 26; B5: 49 bis 50).

Gleichzeitig wurden in mehreren Interviews auch positive Aspekte benannt. Grundsätzlich kann ein ressourcenschonender Materialeinsatz im Bau zu geringeren Ausgaben und damit zu einer verbesserten IRR führen. Maßnahmen wie Cradle-to-Cradle, das Recycling von Baustoffen oder die Nutzung langlebiger und wartungsarmer Materialien können langfristig zu geringeren Instandhaltungs- und Modernisierungskosten führen. Einzelne Experten ordneten ein, dass sich die Effekte solcher Rückbaukonzepte mittelbar positiv auf den NPV und, je nach Projektstruktur, auch auf die IRR auswirken können, wenn auch nur geringfügig (vgl. B2: 28; B3: 27; B4: 28; B8: 22; B9: 21).

B6 wies zudem auf eine mögliche Verbesserung der Marktstellung hin. Nachhaltige Materialkonzepte können sich positiv auf die Investorenattraktivität auswirken, sofern entsprechende Zertifizierungen erfüllt sind (vgl. B6: 27).

Betriebskennzahlen

Mehrere Gesprächspartner beschrieben, dass durch Wassermanagementmaßnahmen (z. B. Regenwassernutzung) ähnlich wie bei energetischen Maßnahmen, Einsparungen bei den Betriebs- und Nebenkosten möglich sind, die sich wiederum positiv auf den NOI auswirken (vgl. B4: 28; B6: 28; B8: 21).

Ein Befragter ordnete allerdings ein:

> *„Die direkten Effekte sind gering. Wasser- und Müllkosten sind im Verhältnis zu anderen Betriebskosten eher klein" (B1: 22).*

Die Wirkung auf das Eigentümerergebnis ist laut Experten begrenzt, da insbesondere und anders als bei energetischen Maßnahmen fraglich erscheint, ob Mietaufschläge aufgrund der Kosteneinsparungen durch Müllvermeidung oder Wassersparsysteme tatsächlich erreicht werden (vgl. B5: 49 bis 50; B6: 28 bis 29).

Auch verfolgen viele Mieter, insbesondere im Wohnsegment, kaum eigene Nachhaltigkeitsziele, sodass Maßnahmen in diesem Bereich nur selten zu einer Marktdifferenzierung beitragen (vgl. B5: 48).

Zudem wurde betont, dass die tatsächliche Umsetzung dieser Maßnahmen stark von Mieterentscheidungen abhängt, worauf Eigentümer oder Fondsanbieter anders als beispielsweise bei energetischen Sanierungen, nur begrenzt Einfluss nehmen können (vgl. B3: 27; B5: 48).

Weitere Interviewpartner äußerten Zweifel an der Marktrelevanz dieser Maßnahmen. Technische Vorteile wie ein ressourcenschonender Materialeinsatz oder intelligentes Wassermanagement werden im Entscheidungsprozess von Mietern oder Käufern selten aktiv wahrgenommen oder berücksichtigt. Dies kann auch an der schwierigen Quantifizierbarkeit solcher Effekte liegen (vgl. B1: 22; B5: 49; B6: 29 bis 30).

Die Zufriedenheit der Mieter durch nachhaltig ausgestattete Flächen und durch den Einsatz ressourcenschonender Materialien wurde mehrfach als Argument für eine höhere Mieterbindung und geringere Fluktuation genannt, was langfristig positive Effekte auf die Leerstandsquote haben kann. In Märkten mit Wettbewerb um ESG-konforme Flächen kann dies insbesondere bei gewerblichen Nutzern ein relevanter Vorteil sein (vgl. B4: 28; B5: 49, 53; B8: 21; B9: 23).

Außerdem wurde darauf hingewiesen, dass durch die Auswahl von Recyclingmaterialien im Bau Effizienzsteigerungen möglich sind und langfristig auch Instandhaltungs- und Modernisierungskosten gesenkt werden können, was sich wiederum positiv auf den NOI und die Leerstandsquote auswirkt (vgl. B3: 27).

Bewertung und Finanzierung

Der Einfluss von ressourcenschonenden Maßnahmen auf die Finanzierung wurde von vielen Befragten als eher gering eingeschätzt (vgl. B5: 55 bis 56; B6: 31; B7: 35; B10: 30).

Anders verhält es sich laut Aussagen der Experten nur, wenn die Maßnahmen Teil eines umfassenden ESG-Gesamtkonzepts für die Immobilie sind und sich positiv auf Ratingergebnisse auswirken (vgl. B1: 24; B5: 55 bis 56; B6: 27; B9: 25).

Zwei Befragte berichteten, dass ressourcenschonende Immobilien tendenziell bessere ESG-Ratings erzielen und dies zu einer positiveren Wahrnehmung am Markt, einem höheren Verkehrswert und zu Finanzierungsverhandlungen beitragen kann (vgl. B3: 29; B4: 28).

Es wurde jedoch bezweifelt, dass Banken in diesen Themenbereichen eine Prüfung im Detail vornehmen (vgl. B5: 55 bis 56; B6: 31). Zudem wurde von B7 angemerkt, dass die wenigsten Darlehensnehmer beispielsweise zu ihrem Abfall- und Wertstoffmanagement überhaupt Daten vorweisen können (vgl. B7: 35).

Laut B3 fließt die Verwendung nachhaltiger Bauprodukte teilweise schon positiv in die Finanzierungsgespräche ein, auch wenn es bislang keine standardisierte monetäre Berücksichtigung gibt (vgl. B3: 62).

Besonders kritisch äußerten sich die Befragten jedoch zur aktuellen Praxis der Immobiliengutachter. Zwar sind potenzielle positive Wirkungen auf den Verkehrswert möglich, sie finden sich jedoch bislang kaum systematisch in Gutachten wieder.

Diese Lücke zwischen Wirkung und methodischer Berücksichtigung schränkt die Relevanz entsprechender Maßnahmen deutlich ein (vgl. B3: 29; B8: 24; B9: 25).

So wurde angemerkt, dass bei Cradle-to-Cradle-Konzepten der Immobilienwert höher anzusetzen wäre, da die eingesetzten Materialien auch nach Ablauf der Nutzungsphase der Immobilie noch einen eigenen Wert besitzen. Die Materialien können wiederverwendet oder idealerweise sogar über den Wertstoffhandel weiterverkauft werden. Aktuell ist das noch keine etablierte Praxis, da diese Konzepte im Bestand nicht existieren. Für die Zukunft wird hier aber noch großes Potenzial gesehen (vgl. B8: 19).

3.3.3 Fläche und Biodiversität

Dieses Kapitel fasst die Aussagen der Experten zum E-Maßnahmenblock „Fläche und Biodiversität" zusammen. Beispielhafte Maßnahmen sind die Reduktion der Flächeninanspruchnahme, die Gestaltung naturnaher Außenräume oder die Förderung biologischer Vielfalt auf dem Grundstück.

Investitionskennzahlen

Auch im Bereich „Fläche und Biodiversität" wurde auf den hohen initialen Investitionsaufwand hingewiesen, der bislang nicht durch potenzielle Mehreinnahmen kompensiert wird (vgl. B3: 32; B8: 29).

Maßnahmen zur Biodiversitätsförderung oder zur naturnahen Flächengestaltung verursachen laut den Gesprächspartnern zusätzliche Bau- und Pflegekosten, die auch hier zu einer kurzfristig negativen Wirkung auf IRR und NPV führen können (vgl. B1: 27; B8: 29).

Mehrere Interviewpartner erläuterten, dass Maßnahmen im Bereich „Fläche und Biodiversität" zwar durchaus positiv wahrgenommen werden, sich jedoch nicht unmittelbar in klassischen Wirtschaftlichkeitskennzahlen oder im Cashflow abbilden, da die Messbarkeit dieser Effekte sehr stark eingeschränkt ist (vgl. B3: 32; B5: 67; B7: 38; B10: 34).

Ein Experte merkte an:

> *„Ich glaube, dass man mit diesem Punkt – im Gegensatz zu anderen, wie Energieeffizienz oder Wertstoffmanagement – beim Investment nicht unbedingt groß punkten kann" (B8: 29).*

Unter Umständen können Maßnahmen zur Flächengestaltung, Biodiversität oder Aufenthaltsqualität jedoch positive wirtschaftliche Effekte entfalten, etwa wenn sie die Genehmigungsfähigkeit eines Projekts erhöhen oder städtebauliche Vorteile bringen. Dies kann sich wiederum auf die Projektlaufzeit oder den Vermarktungserfolg auswirken und somit auch mittelbar den Investitionserfolg beeinflussen (vgl. B1: 27; B5: 59; B9: 28).

Ein Interviewpartner hob hervor, dass eine flächenschonende Planung bei Neubauten und Sanierungen eine kosteneffiziente Lösung sein kann, die sich positiv auf die IRR auswirkt (vgl. B6: 34). Allerdings wurde diese Aussage durch einen anderen Experten ein Stück weit relativiert, der darauf hinwies, dass hinsichtlich der benötigten Fläche nur wenig Spielraum besteht und es bereits aus rein wirtschaftlichen Gründen naheliegend ist, nur so viel Fläche zu planen und zu nutzen, wie tatsächlich benötigt wird (vgl. B2: 34).

Betriebskennzahlen

Im Zusammenhang mit den Betriebskennzahlen wurde die Verbesserung der Aufenthaltsqualität und Nutzerbindung häufig angesprochen. Mehrere Interviewpartner berichteten, dass durch begrünte Dächer, attraktive Außenräume oder Biodiversitätselemente wie Insektenhotels die Mieterzufriedenheit und -bindung gesteigert werden kann. Das senkt die Fluktuation, reduziert Leerstände und führt somit zu einem höheren NOI (vgl. B3: 34; B4: 33; B8: 29).

Insbesondere im Wohnbereich wurde die verbesserte Aufenthaltsqualität durch Maßnahmen der Flächengestaltung und Biodiversität hervorgehoben (vgl. B1: 29; B4: 33).

Bei Büroimmobilien entfalten solche Maßnahmen vor allem dann Wirkung, wenn sie in das Nachhaltigkeitskonzept des Mieters eingebettet sind und die Identifikation mit dem Objekt stärken (vgl. B9: 30).

Zufriedene Mieter zeigen sich zudem eher bereit, einer Mietpreisanpassung zuzustimmen, als unzufriedene Mieter. Außerdem kann eine schnellere Vermietung erreicht werden, was sich in stabileren Einnahmen niederschlägt (vgl. B2: 35; B8: 29; B9: 28, 30).

Auch können Maßnahmen wie Dach- oder Fassadenbegrünung Vorteile bei den Betriebskosten generieren, da sie eine natürliche Dämmung darstellen und so zu Einsparungen bei den Energiekosten führen können (vgl. B3: 32).

Es wurde jedoch auch betont, dass diese Effekte nicht unmittelbar in klassische betriebswirtschaftliche Kennzahlen wie den NOI übertragbar sind. Zwar können Maßnahmen im Bereich „Fläche und Biodiversität“ zur Nutzerbindung und zu einem positiven Objektimage beitragen, doch sind diese Wirkungen schwer zu isolieren und wirtschaftlich zu beziffern (vgl. B5: 67; B9: 28, 30).

Auch der Pflegeaufwand und die laufenden Kosten, etwa für die Instandhaltung von Grünanlagen oder die zusätzliche Bewässerung in Dürreperioden, wurden mehrfach genannt und als potenziell kostentreibend eingeschätzt. Dies kann sich auch in erhöhten Betriebskosten widerspiegeln (vgl. B3: 34; B8: 31).

Bewertung und Finanzierung

Im Hinblick auf die Bewertung wurde häufig betont, dass biodiversitätsbezogene Maßnahmen aber auch die Gestaltung von Außenflächen bislang nicht systematisch in Verkehrswertgutachten berücksichtigt werden. Es fehlt an belastbaren Ansätzen, um insbesondere Biodiversitätsmaßnahmen in der Bewertung monetär zu erfassen (vgl. B3: 32, 36; B8: 33; B9: 32).

B2 merkte an, dass die guten Vermietungserfolge infolge der verbesserten Nutzerzufriedenheit gegebenenfalls den Verkehrswert positiv beeinflussen können (vgl. B2: 35).

B5 ordnete ein, dass biodiversitätsbezogene Gestaltungsmerkmale wie attraktive Außenräume bei hochpreisigen Objekten, insbesondere bei Büroimmobilien, in prominenter Lage bereits dem erwarteten Ausstattungsstandard entsprechen und es sich hierbei lediglich um Hygienefaktoren handelt, deren Nichterfüllung zu Unzufriedenheit führen kann. Entsprechend ist eher von Abschlägen bei Nichtvorhandensein auszugehen als von zusätzlichen Prämien (vgl. B5: 64 bis 65).

Auch in die Berechnung des LTV oder anderer Finanzierungskonditionen fließen Maßnahmen zur Flächengestaltung und Biodiversität nach Aussagen mehrerer Befragter entsprechend nicht explizit ein. Allenfalls erfassen Banken Maßnahmen in diesem Bereich über weitgefasste, allgemeine ESG-Scores (vgl. B1: 31; B3: 36; B5: 67; B7: 38; B8: 33).

Lediglich einmal wurde davon berichtet, dass eine Förderung der Biodiversität Voraussetzung für Zertifizierungen ist und darüber Finanzierungsbedingungen positiv beeinflussen (vgl. B4: 34).

Mehrere Experten sprachen aber Potenziale für die Zukunft an. So könnten Begrünungsmaßnahmen, Reduktion der Flächeninanspruchnahme, ökologische Freiraumgestaltung und Förderung der Biodiversität künftig über ESG-Zertifikate und Nachhaltigkeitsrankings in die Wertermittlung stärker einfließen und auch aus städtebaulicher Sicht positiv bewertet werden (vgl. B3: 36; B4: 34; B9: 32).

3.3.4 Soziale Nachhaltigkeit

Bevor die Ergebnisse der Interviews zu den einzelnen Kennzahlenblöcken beschrieben werden, ist vorab festzuhalten, dass der Bereich Soziales laut Expertenaussagen in der Branche weitaus weniger Betrachtung findet als der Bereich Umwelt.

Beispielhafte Maßnahmen in diesem Block betreffen Aspekte wie Barrierefreiheit, Mobilität, Nutzerzufriedenheit, Innenraumluftqualität oder thermischen Komfort.

Investitionskennzahlen

Mehrere Interviewpartner gaben an, dass Maßnahmen wie Barrierefreiheit, Raumluftqualität, Aufenthaltsqualität oder thermischer Komfort langfristig zu stabileren Mietverhältnissen führen können. Die daraus resultierende Stabilität wirkt sich positiv auf den Cashflow aus und verbessert mittelbar sowohl den NPV als auch die IRR (vgl. B1: 34; B3: 44; B4: 38; B8: 38; B10: 39).

Darüber hinaus wurden insbesondere Mobilitätsangebote, etwa Fahrradabstellanlagen oder Ladeinfrastruktur für E-Mobilität, als Maßnahmen genannt, welche die Attraktivität und Wettbewerbsfähigkeit einer Immobilie langfristig steigern und sich positiv auf die Investitionskennzahlen auswirken können (vgl. B3: 39).

In modernen Gebäuden, insbesondere im Bürosegment, wurden bestimmte soziale Standards inzwischen als Hygienefaktoren bezeichnet. Ihr Fehlen kann die Zahl potenzieller Nutzer einschränken, was sich negativ auf die Vermietungschancen und damit auf den Investitionserfolg auswirkt. Die Umsetzung sozialer Maßnahmen trägt daher zur Risikominimierung und zur Absicherung der erwarteten Rendite bei (vgl. B1: 34; B5: 72; B10: 38).

In Sondersegmenten wie Gesundheitsimmobilien gelten bestimmte soziale Maßnahmen, primär die Barrierefreiheit aber auch die Innenraumluftqualität, als notwendige Voraussetzungen für die Vermietbarkeit. Die Umsetzung wird dort nicht als Differenzierungsmerkmal, sondern als investitionsentscheidend eingeschätzt und beeinflusst entsprechend NPV und IRR (vgl. B2: 38).

Einige Interviewte verwiesen jedoch auch auf kurzfristig nachteilige Effekte, insbesondere durch erhöhte Bau- und Modernisierungskosten. Umbauten zur Barrierefreiheit oder raumlufttechnische Anlagen werden als Investitionen mit hohem Anfangsaufwand wahrgenommen, die die IRR zunächst negativ beeinflussen können (vgl. B1: 34; B3: 39, 48).

Gleichwohl wurde betont, dass sich diese Maßnahmen über längere Zeiträume amortisieren können, etwa durch stabile Einnahmen oder eine Reduktion von Risiken (vgl. B3: 39)

Betriebskennzahlen

Soziale Maßnahmen wie Barrierefreiheit, gute Raumluftqualität, Aufenthaltsqualität oder thermischer Komfort tragen nach Einschätzung mehrerer Interviewpartner wesentlich zur Zufriedenheit der Mieter bei. Dies führt zu geringerer Fluktuation, längeren Mietverhältnissen und damit zu einer Reduktion der Leerstandsquote, was ebenfalls positiv auf den NOI wirkt (vgl. B1: 36; B2: 42; B3: 40, 45, 48; B8: 38; B9: 35, 37).

Mehrere Experten beschrieben soziale Anforderungen inzwischen als Hygienefaktor für marktgängige Immobilien. Ein Fehlen wird nicht als Einsparpotenzial, sondern als wirtschaftliches Risiko betrachtet, da es zum Ausschluss bestimmter Zielgruppen bei der Vermietung und somit zu Leerstand führen kann (vgl. B3: 45; B5: 72, 75; B8: 38; B9: 35).

Gleichzeitig verwies ein Befragter auf zusätzliche betriebliche Aufwände, die mit der Umsetzung dieser Maßnahmen einhergehen. Genannt wurden unter anderem Wartungskosten für E-Mobilitätsinfrastruktur, ein höherer Energieverbrauch raumlufttechnischer Systeme sowie ein erhöhter kommunikativer Aufwand im Mietermanagement. Diese Kosten beeinflussen das Betriebsergebnis, ohne zwangsläufig einen negativen Effekt auf NOI oder Leerstandsquote zu verursachen, sofern sie durch eine gesteigerte Mieterbindung kompensiert werden (vgl. B3: 40, 44, 45, 48).

Wie bereits zu Beginn des Kapitels angemerkt, wird der Effekt sozialer Maßnahmen als begrenzt messbar und schwer quantifizierbar eingestuft, auch im Hinblick auf das operative Ergebnis. Eine direkte und positive Kausalität wird häufig vermutet, ist jedoch bislang empirisch kaum belegt. Eine tatsächliche quantitative Abbildbarkeit im operativen Reporting befindet sich trotz der strategischen Relevanz dieser Maßnahmen noch in der Entwicklung (vgl. B8: 38, 40; B6: 41; B10: 40).

Bewertung und Finanzierung

Mehrere Befragte berichteten, dass soziale Maßnahmen mittelbar zur Stabilisierung des Verkehrswerts beitragen und in bestimmten Fällen auch zu verbesserten Finanzierungskonditionen führen können (vgl. B3: 41; B4: 38, 40; B5: 73; B9: 37).

Laut B9 achten vor allem institutionelle Nutzer mit ESG-Re; portingpflicht verstärkt auf soziale Aspekte, die bei der Vermietung und damit bei der Wertermittlung eine Rolle spielen können (vgl. B9: 39).

Darüber hinaus fließen soziale Indikatoren teilweise in Szenarioanalysen oder bankseitig eingeforderte ESG-Ratings ein. Einzelne Interviewte berichteten von Bonifikationen auf Finanzierungskonditionen, sofern entsprechende Maßnahmen durch Zertifizierungen wie beispielsweise WELL oder anderweitig nachgewiesen werden. Diese Praktiken befinden sich jedoch noch in einem frühen Stadium der Implementierung und betreffen bislang nur einen kleinen Teil des Marktes. (vgl. B1: 38; B3: 41; B9: 39).

B8 führte an, dass es für Finanzinstitute schwierig ist, Finanzierungskonditionen mangels quantitativer Daten auf Basis qualitativer Faktoren anzupassen (vgl. B5: 78).

Soziale Maßnahmen tragen nach Ansicht einiger Experten auch zur Imagebildung und Differenzierung von Immobilien bei. Ein besseres öffentliches oder nutzerseitiges Image kann zu geringerem Leerstand und stabileren Mieteinnahmen führen, beides zentrale Faktoren in ertragsorientierten Bewertungsverfahren (vgl. B3: 46; B4: 38; B5: 73; B9: 37).

Kritisch wurde von mehreren Seiten angemerkt, dass klassische Bewertungsverfahren soziale Maßnahmen bislang kaum explizit berücksichtigen. Zwar werden soziale Faktoren in Fondsbeschreibungen und ESG-Ratings zunehmend erwähnt, in der konkreten Bewertung und bei Finanzierungsentscheidungen bleiben harte Faktoren wie Lage, Mietniveau oder Erschließung jedoch dominant. Soziale Aspekte finden daher in Gutachten in der Regel keine explizite Berücksichtigung und die Einbindung solcher Faktoren in Wertgutachten stellt nach wie vor eine Ausnahme dar (vgl. B3: 42, 46; B8: 40; B7: 41).

Dennoch deuten Aussagen darauf hin, dass sich die Bedeutung sozialer ESG-Maßnahmen perspektivisch erhöhen könnte, insbesondere im Zusammenhang mit ESG-sensitiven Finanzierungsprodukten und künftigen Bewertungsstandards (vgl. B3: 49; B5: 78).

3.3.5 Governance und technische Qualität

In diesem Kapitel sind die Erkenntnisse der Experteninterviews zum letzten ESG-Maßnahmenblock „Governance und technische Qualität" aufgeführt. Beispielhafte Maßnahmen sind Planungs- und Bauprozessqualität, Risikomanagement und Werterhalt, nachhaltige Beschaffung und Betrieb.

Investitionskennzahlen

Ein Großteil der Befragten betonte die betriebswirtschaftliche Relevanz von Governance-Maßnahmen, insbesondere im Hinblick auf strukturierte Planungsprozesse, transparente Abläufe und ein professionelles Risikomanagement (vgl. B1: 41; B3: 52, 56; B4: 45; B5: 86 bis 87; B9: 42).

Wiederholt wurde hervorgehoben, dass eine hohe Governance-Qualität, etwa durch klare ESG-Zuständigkeiten, etablierte Prozessstandards, systematisches Monitoring und strategisches Risikomanagement, zu stabileren Kostenverläufen, geringeren Verzögerungen, höherer Projekt- und Investitionssicherheit und damit positiven Effekten auf IRR und NPV führen kann (vgl. B1: 41; B3: 52, 56; B4: 45 bis 46; B5: 86 bis 87).

Governance wurde dabei als „Basis für alles Andere" beschrieben, da ohne einen sauber aufgesetzten Planungsprozess ESG-Ziele kaum wirksam umsetzbar sind (vgl. B9: 42).

Ein Experte verwies explizit auf die Bedeutung professioneller Due-Diligence-Prozesse im Rahmen von Immobilienakquisitionen, die dem Governance-Bereich zuzuordnen sind. Diese tragen dazu bei, Schwachstellen frühzeitig zu identifizieren, fundierte Investitionsentscheidungen zu ermöglichen und dadurch langfristig höhere Renditepotenziale abzusichern (B2: 47 bis 51).

Grundsätzlich hilft „eine gute Governance, Schwachstellen im Portfolio zu identifizieren, Potenziale zu erkennen und gezielt zu investieren" (B10: 46). Entsprechend ist von einem positiven Einfluss auf Investitionskennzahlen auszugehen.

Auch bei institutionellen Transaktionen werden professionelle Governance-Strukturen zunehmend als qualitatives Bewertungskriterium für Zukunftsfähigkeit und Managementqualität durch Banken und Investoren herangezogen, was sich mittelbar positiv auf die Investitionsattraktivität auswirken kann. (vgl. B8: 45; B9: 46).

Ähnlich wie bei sozialen Maßnahmen zeigt sich auch hier eine gewisse Zurückhaltung hinsichtlich der Quantifizierbarkeit. Mehrere Interviewpartner vermuten, dass sich positive Effekte auf Investoren zwar atmosphärisch oder reputativ auswirken, bislang jedoch nicht systematisch in Form klar messbarer Vorteile abgebildet werden können (vgl. B5: 90; B8: 47).

Betriebskennzahlen

Viele Befragte sehen in einer funktionierenden Governance-Struktur eine Steigerung der betrieblichen Effizienz, etwa durch klare Verantwortlichkeiten, den Einsatz digitaler Systeme (z. B. CAFM), standardisierte Instandhaltungsplanung oder transparente Datenstrukturen, die einen langlebigeren und stabileren Gebäudebetrieb mit reduzierten Betriebskosten und geringeren Ausfallrisiken ermöglichen (vgl. B1: 43; B3: 53, 57; B6: 46; B9: 44, B10: 45).

Darüber hinaus beschrieben Expertenaussagen, dass der Einsatz schadstoffarmer Materialien sowie eine nachhaltige Beschaffungspraxis zu einer Verbesserung des NOI führen kann, infolge geringerer Ausfallzeiten, effizienterer Bewirtschaftung und höherer Nutzerzufriedenheit (vgl. B3: 61; B4: 47).

Eine insgesamt professionellere Objektbewirtschaftung kann zudem Leerstände reduzieren, etwa durch frühzeitige Identifikation von Mieterauszügen (vgl. B1: 43; B2: 51).

Synergien zwischen Governance und ESG-Strategieumsetzung, etwa durch belastbare ESG-Risikostrukturen, standardisierte Due-Diligence-Prozesse, proaktives Monitoring sowie automatisierte ESG-Datenerhebung, werden ebenfalls als positive Effekte einer guten Governance genannt. Diese fördern einen strategischen, nachhaltigen Betrieb und stärken das Vertrauen bei Stakeholdern (vgl. B2: 47 bis 51; B5: 89; B10: 47).

Wie bereits im vorherigen Abschnitt betont, äußerten sich einige Befragte zurückhaltend in Bezug auf die direkte Quantifizierbarkeit von Governance-Effekten und betrieblichen Kennzahlen. Zwar wurde Governance grundsätzlich als zentraler Erfolgsfaktor eingeschätzt, jedoch ist die ökonomische Wirkung auf Betriebskennzahlen eher indirekt und schwer zu messen (vgl. B3: 54, 57; B5: 90; B6: 56). Insbesondere ein unmittelbarer Zusammenhang zwischen Governance-Maßnahmen und Leerstandsquoten wird von einem Interviewpartner angezweifelt (vgl. B3: 54, 57).

B10 beschrieb Governance eher als strukturelle Voraussetzung für ESG-Handlungsfähigkeit denn als eigenständig wirksamen Treiber operativer Kennzahlen (vgl. B10: 44, 47).

Bewertung und Finanzierung

Einige Experten betonten, dass das Vertrauen von Banken und Investoren durch eine ausgeprägte Governance-Struktur, dokumentierte Prozesse, standardisierte ESG-Berichterstattung und professionelles ESG-Risikomanagement gestärkt wird, was sich wiederum positiv auf Finanzierungskonditionen und Verkehrswerte auswirken kann (B1: 45; B3: 55; B4: 46; B8: 45; B9: 46; B10: 45).

Governance-Professionalität, insbesondere in Form transparenter Abläufe und vollständiger ESG-Dokumentation, gilt laut einiger Aussagen als wichtiges Qualitätsmerkmal im Rahmen von Finanzierungsentscheidungen und kann mittelbar auch den LTV beeinflussen, etwa durch eine verbesserte Bonitätswahrnehmung oder höhere ESG-Ratings (vgl. B2: 50; B4: 46; B8: 47).

B3 berichtete explizit, dass Banken diese Kriterien teilweise schon systematisch bei der Vergabe von Finanzierungskonditionen berücksichtigen, beispielsweise über ESG-Ratings oder die Vergabe von Green Bonds (vgl. B3: 62).

Gleichzeitig wiesen mehrere Befragte darauf hin, dass eine direkte monetäre Wirkung guter Governance auf den Verkehrswert oder LTV bislang schwer belegbar ist. Governance wird eher als professionelles Signal und als Bestandteil ESG-konformer Unternehmensstrategien wahrgenommen, findet jedoch in klassischen Bewertungsverfahren bislang keine explizite Berücksichtigung (vgl. B3: 55; B6: 47 bis 48; B7: 44; B8: 47).

Ein Befragter merkte an, dass Governance-Maßnahmen insbesondere dann keine Wirkung auf den Marktwert haben, wenn ESG bei dem Objekt bislang keine Rolle gespielt hat (vgl. B3: 58).

Darüber hinaus wurde argumentiert, dass Fehlsteuerung im Bauprozess, insbesondere während des Planungsprozesses, etwa durch unzureichende Qualitätskontrollen der Planungsergebnisse, negative Auswirkungen auf die Ausführungsqualität und damit den Objektwert haben kann, was umgekehrt die Bedeutung robuster Governance-Strukturen für die Verkehrswertstabilität unterstreicht (vgl. B4: 45; B3: 55; B5: 84 bis 87).

Zudem ist auch für diesen festzuhalten, dass einige Experten die Wirkung von Governance primär auf Unternehmensebene verorten und den Durchschlag auf Objektebene nur als bedingt gegeben einschätzen (vgl. B5: 83 bis 84; B6: 47 bis 48, 56; B7: 44).

3.3.6 Gewichtung der Maßnahmenblöcke

Im Rahmen der Interviews wurden die Befragten gebeten, die fünf Maßnahmenblöcke

1. Klimaschutz & Energie (in der Tabelle: K & E)
2. Ressourcen & Material (in der Tabelle: R & M)
3. Fläche & Biodiversität (in der Tabelle: F & B)
4. Soziale Nachhaltigkeit (in der Tabelle: S)
5. Governance und technische Qualität (in der Tabelle: G)

hinsichtlich ihrer wirtschaftlichen Relevanz einzuordnen bzw. zu gewichten. Ziel dieser Frage war es, ein differenziertes Bild darüber zu gewinnen, welche ESG-Bereiche im aktuellen Marktumfeld als besonders wirkungsstark für die ökonomische Bewertung von Immobilien gelten.

Nicht alle Interviewpartner haben dabei immer alle fünf Maßnahmenblöcke einzeln in die Rangfolge eingeordnet. Einige setzten mehr als einen Maßnahmenbereich auf denselben Platz. Sofern mehrere Maßnahmenblöcke auf einem Platz stehen, rücken die restlichen entsprechend auf, sodass teilweise Plätze freibleiben.

Die Aussagen werden in der folgenden Tabelle 3.2 visualisiert und zusammengefasst, von Platz 1 = höchste wirtschaftliche Relevanz bis Platz 5 = geringste wirtschaftliche Relevanz.

Tabelle 3.2 Gewichtung der einzelnen Maßnahmenblöcke

Interview-partner	Wirtschaftliche Relevanz Platz 1 = höchste / Platz 5 = geringste				
	Platz 1	Platz 2	Platz 3	Platz 4	Platz 5
B1	K & E	G	R & M F & B	S	-
B2	G	S	K & E	R & M F & B	-
B3	K & E	G	S	R & M	F & B
B4	K & E G	R & M	F & B	S	-
B5	K & E	G	S	R & M F & B	-
B6*	K & E R & M	F & B	S	-	-
B7	K & E	R & M	G	S F & B	-
B8	K & E	S	G	R & M	F & B
B9	G	K & E	S	R & M F & B	
B10	K & E	G	S	F & B	R & M

(Quelle: Eigene Darstellung)

**Governance wurde bewusst nicht eingeordnet, da der Befragte hier keine objektbezogene Relevanz, sondern lediglich eine gesellschaftspolitische und unternehmerische Relevanz sieht.*

Die Tabelle 3.2 dient der Übersicht und Verdichtung der qualitativen Einschätzungen, ohne den Anspruch einer zahlenbasierten und vollständig standardisierten Auswertung zu erheben.

Die Auswertung zeigt, dass Klimaschutz- und Energiemaßnahmen in der Wahrnehmung der Befragten durchweg die höchste wirtschaftliche Relevanz besitzen. Governance wird ebenfalls häufig als zentral eingestuft, insbesondere aufgrund der Bedeutung für Struktur, Transparenz und ESG-Compliance, während soziale, ressourcen- und biodiversitätsbezogene Maßnahmen derzeit noch seltener als ökonomisch ausschlaggebend bewertet werden. Insgesamt lässt sich erkennen, dass Maßnahmen mit direkter Auswirkung auf Betriebskosten, Finanzierbarkeit und regulatorische Anforderungen aktuell am stärksten gewichtet werden.

3.3.7 Unterschiede von Assetklassen

Wie in Abschnitt 2.6 beschrieben, sollen im Rahmen dieser Arbeit auch Unterschiede zwischen den verschiedenen Assetklassen analysiert werden. Im Folgenden werden die Aussagen und Einordnungen der Experten hierzu vorgestellt.

Die Auswertung der Experteninterviews zeigt deutlich, dass ESG-Maßnahmen nicht einheitlich auf alle Assetklassen wirken. Vielmehr ergeben sich je nach Assetklasse differenzierte Effekte, Priorisierungen und Herausforderungen (vgl. B8: 54). Die zentralen Aussagen werden entsprechend der in Abschnitt 2.1 definierten Assetklassen dargestellt.

Wohnimmobilien

Die Analyse der Experteninterviews zeigt, dass sich Wohnimmobilien durch eine besondere Gewichtung sozialer Aspekte sowie durch spezifische wirtschaftliche Rahmenbedingungen von anderen Assetklassen abheben (vgl. B1: 48; B4: 52).

Mehrere Interviewpartner betonten die zentrale Rolle der Aufenthaltsqualität für die Vermietbarkeit im Wohnsegment. Aspekte wie Nutzerkomfort, Nahversorgung oder quartiersbezogene Ansätze gelten als besonders relevant, da sie direkt auf die Wohnzufriedenheit und -bindung der Mieter wirken (vgl. B1: 29; B3: 67; B8: 54; B10: 51).

Die Relevanz des sozialen Faktors wird durch den Vergleich mit Sonderimmobilien wie Pflegeeinrichtungen oder Schulen unterstrichen. Während dort der soziale Auftrag häufig institutionell verankert ist, stellt sich ESG im Wohnbereich primär als wirtschaftlicher Abwägungsprozess im Spannungsfeld zwischen Renditeerwartung und gesellschaftlicher Verantwortung dar (vgl. B6: 51 bis 53).

Energieeffizienz nimmt im Wohnbereich eine herausgehobene Rolle ein, sowohl aufgrund regulatorischer Anforderungen als auch hinsichtlich der Akzeptanz seitens der Mieterschaft (vgl. B3: 67).

Gleichwohl wird die Durchsetzbarkeit entsprechender Maßnahmen durch sozialpolitische und gesetzliche Begrenzungen erschwert. Ein Interviewpartner wies auf die eingeschränkten Handlungsspielräume hin. Investitionskosten können nicht beliebig an Mieter weitergegeben werden. Dies wird einerseits durch gesetzliche Deckelungen verhindert, andererseits können Mieter erhöhte Mietanpassungen häufig nicht tragen (vgl. B5: 35, 93).

Auch mit Blick auf die Leerstandsquote zeigen sich Unterschiede zu anderen Assetklassen. In angespannten Wohnungsmärkten besteht häufig ohnehin eine Vollvermietung, sodass ESG-Maßnahmen in diesem Zusammenhang kaum differenzierende Wirkung entfalten (vgl. B5: 39).

Büroimmobilien

Für Büroimmobilien ergibt sich aus den Interviews ein besonders klares und konsistentes ESG-Profil. Nahezu alle befragten Experten betonten die hohe Relevanz von ESG-Anforderungen in diesem Segment. ESG wird hier inzwischen als Grundvoraussetzung für Marktfähigkeit verstanden, unabhängig davon, ob sich entsprechende Maßnahmen im Einzelfall unmittelbar wirtschaftlich auszahlen (vgl. B1: 48; B2: 54).

Klimaschutzmaßnahmen, insbesondere im Bereich Energieeffizienz, gelten als zentraler Standard, der sich direkt auf Mieten und Nachfrage auswirkt, ergänzt um Governance-Kriterien und Komfortaspekte wie Luftqualität, thermischen Komfort und Flächeneffizienz (vgl. B3: 68; B8: 54; B10: 50).

Insbesondere die Mieterstruktur prägt die ESG-Dynamik im Bürobereich in besonderer Weise. Es handelt sich häufig um institutionelle Nutzer mit eigenen Nachhaltigkeitszielen, die konkrete Anforderungen an die Flächen stellen und so die Nachfrage nach ESG-konformen Objekten deutlich beeinflussen (vgl. B2: 54; B7: 47; B10: 50).

Interviewpartner betonten, dass einzelne Maßnahmen etwa im Bereich Strom- oder Heizungsverbrauch, häufig stärker im Einflussbereich der Mietenden als der Eigentümer liegen (vgl. B3: 69). Diese geteilte Verantwortung bedingt eine besondere Relevanz vertraglicher Gestaltungen, etwa über sogenannte Green Leases, die explizit ESG-Anforderungen regeln und bereits zunehmend Anwendung finden (vgl. B7: 47; B8: 54).

Investmentmanager beobachten, dass ESG-konforme Top-Büroflächen, insbesondere in urbanen Lagen wie Frankfurt, stark nachgefragt sind. Gleichzeitig reagieren Nutzer auf sich wandelnde Arbeitswelten, indem sie zunehmend weniger Fläche, dafür aber hochwertige, ESG-konforme Einheiten bevorzugen (vgl. B7: 47).

Soziale Maßnahmen gelten im Bürobereich vielfach bereits als Hygienefaktoren bzw. Grundvoraussetzung (vgl. B5: 64 bis 65, 72; B9: 35).

Handelsimmobilien

Zu Handelsimmobilien liegen wenige explizite Aussagen vor.

In der Gesamtbetrachtung gilt ESG im Retailbereich als deutlich schwächer ausgeprägt als im Bürosegment (vgl. B7: 47). Soziale Maßnahmen hingegen werden bei Handelsimmobilien als stärker als im Bürobereich eingestuft (vgl. B4: 52).

Ein Interviewpartner hob hervor, dass insbesondere bei Handelsimmobilien die Lage als entscheidender Faktor gilt. Es wird erklärt:

> *„Wenn ich in der 1A-Lage sitzen will und das Gebäude ein Altbau mit schlechtem ESG-Score ist, nehme ich das unter Umständen in Kauf, weil die Frequenz entscheidender ist“* (B7: 47).

Ein weiterer Interviewpartner berichtete, dass für leerstehende Handelsimmobilien in Innenstadtlagen teilweise kreative Umnutzungskonzepte erwogen werden. Beispielsweise in Form innerstädtischer Großbatteriespeicher, um die Versorgung durch erneuerbare Energien konsequent sicherstellen zu können (vgl. B10: 53).

Logistik- und Produktionsimmobilien

In den Interviews wurden Logistik- und Produktionsimmobilien als Assetklasse dargestellt, in der ESG-Aspekte nur eingeschränkt Berücksichtigung finden. Ein Interviewpartner bezeichnete das Segment als „noch zurückhaltender“ wies jedoch darauf hin, dass insbesondere Großinvestoren inzwischen Mindeststandards verlangen (vgl. B1: 48).

Mehrere Aussagen betonten, dass aktuell vor allem ökologische Themen im Mittelpunkt stehen. Hervorgehoben wird insbesondere die Dominanz energetischer Aspekte, etwa im Zusammenhang mit Photovoltaik-Anlagen (vgl. B3: 70). Die großflächigen Dachflächen von Logistikimmobilien bieten hierfür besondere Potenziale (vgl. B8: 54; B10: 52). Kritisch wird jedoch angemerkt, dass der Gesetzgeber nicht schon früher zu mehr Photovoltaik an Logistikimmobilien verpflichtet hat (vgl. B6: 51). Eigentümer denken teilweise darüber nach, Logistikimmobilien nicht nur zur Generierung von Mieteinnahmen, sondern auch zur Stromerzeugung oder für Ladedienstleistungen zu nutzen (vgl. B10: 52).

Soziale Aspekte spielen nach Einschätzung mehrerer Interviewpartner bislang lediglich eine untergeordnete Rolle. Zwar seien sie in der Logistik auf dem Radar, hätten derzeit aber nur begrenzte Relevanz (vgl. B3: 70; B8: 54).

Sonderimmobilien

Für Sonderimmobilien verdeutlichen die Interviews eine hohe inhaltliche Heterogenität. Es wurden unterschiedliche Nutzungsarten genannt, darunter Rechenzentren, Hotels, Lebensmitteleinzelhandel, Pflegeeinrichtungen, Krankenhäuser und Schulen.

Im Zusammenhang mit Rechenzentren wurde darauf hingewiesen, dass für diese Assetklasse teils deutlich abweichende Standards gelten als dies bei klassischen Immobilien der Fall ist (vgl. B2: 19). Bei deren Planung ist es notwendig, die Anforderungen der Funktionalität vollständig zu erfüllen, was etwa die Auswahl an ESG-konformen Materialien einschränken kann (vgl. B2: 29). Ein Interviewpartner führte aus:

> *„Sonderimmobilien wie Rechenzentren haben oft eigene ESG-Anforderungen, die nicht immer systemisch, aber dennoch nötig für die Finanzierung sind"* (B1: 48).

Für Hotelimmobilien wurde die Steuerbarkeit von ESG-Maßnahmen durch die Eigentümer- bzw. Betreiberseite als begrenzt beschrieben. Ein Interviewpartner schilderte, dass in Hotelfonds zwar Energieeffizienz ein zentrales Thema ist, der tatsächliche Verbrauch jedoch stark vom Verhalten der Gäste und den operativen Entscheidungen des Betreibers abhängt. Die Einflussmöglichkeiten seitens der Eigentümer gelten daher als eingeschränkt (vgl. B4: 25).

In Bezug auf Schulen, Pflegeeinrichtungen oder Krankenhäuser wurde die Bedeutung des Eigentümerprofils besonders hervorgehoben. Bei kirchlichen Trägern beispielweise stehen der Instandhaltungszustand und der Renditeansatz in einem anderen Verhältnis zueinander als bei rein renditeorientierten Investoren. Der Sozialaspekt wird in diesem Zusammenhang als vorrangig beschrieben (vgl. B6: 52).

3.3.8 Unterrepräsentierte ESG-Maßnahmen

Die Experten wurden im Rahmen der Interviews gefragt, welche ESG-Maßnahmen aus ihrer Sicht in der gegenwärtigen Praxis des Immobilienmarkts zwar ein hohes wirtschaftliches Potenzial aufweisen, jedoch bislang unzureichend implementiert oder bewertet werden.

Technisch geprägte Befragte identifizierten zirkuläre Baukonzepte und graue Energie als bislang vernachlässigte Themen. Sie betonten die ökologische, aber auch ökonomische Relevanz von Rückbaukonzepten, Cradle-to-Cradle-Ansätzen und der Reduktion grauer Energie bereits in der Planungs- und Bauphase (vgl. B1: 50; B3: 74; B8: 19, 24; B9: 51 bis 53). Rückbau- und Cradle-to-Cradle-Konzepte können langfristig erhebliche Kosteneinsparungen ermöglichen und gleichzeitig die Umweltbelastung deutlich reduzieren (vgl. B9: 52). Materialien, die in solchen Konzepten verwendet werden, lassen sich nach Ablauf der Gebäudenutzung wiederverwerten und teilweise sogar über den Wertstoffhandel weiterverkaufen (vgl. B8: 19, 24). Wenn solche Konzepte zur gängigen Praxis werden, könnte die Werthaltigkeit einer Immobilie erheblich steigen und positiv zum Investitionserfolg beitragen (vgl. B8: 19, 24). Ein zentrales Problem besteht laut den Befragten darin, dass diese Themen in der Praxis häufig zu spät berücksichtigt werden, wodurch baurechtliche oder wirtschaftliche Spielräume bereits eng eingegrenzt sind (vgl. B9: 52). Zudem wird sich oft auf den Energieverbrauch im Betrieb fokussiert, obwohl ein Großteil der Emissionen bereits in der Bauphase entsteht (vgl. B9: 53). Dem könnte durch eine konsequente Kreislaufwirtschaft entgegengewirkt werden.

Ein nächstes großes Thema sind Klimaanpassungsmaßnahmen. Zwar werden vermehrt Klimarisikoanalysen durchgeführt, deren Übersetzung in konkrete, objektspezifische Maßnahmen erfolgt bislang jedoch nur vereinzelt (vgl. B10: 55). Dies steht im Widerspruch zu Studien, die zeigen, „dass jeder investierte Euro in Klimaanpassungsmaßnahmen bis 2040 etwa zehn Euro an zukünftigen Schäden einsparen kann“ (B10: 55). Zudem tragen Klimaanpassungsmaßnahmen dazu bei, die Versicherbarkeit von Immobilien gegenüber Klimarisiken langfristig sicherzustellen (vgl. B10: 55).

Einige Experten wiesen zudem darauf hin, dass das Thema Biodiversität bislang zu wenig Beachtung findet, obwohl es im Zusammenhang mit dem Klimawandel eine hohe Relevanz besitzt (vgl. B8: 29, 56). Allerdings wurde auch Verständnis dafür geäußert, dass die Branche ihren Fokus derzeit noch nicht auf neue Themen wie Biodiversität ausweitet, sondern zunächst den Bereich Energieeffizienz vollständig abarbeiten müsse (vgl. B3: 75).

Ein Befragter merkte zum Thema Energie an, dass zu wenig über die Herkunft der Energie nachgedacht wird, obwohl das einen erheblichen Einfluss auf die Nachhaltigkeitswirkung haben kann (vgl. B5: 96). Man müsste den gesamten Kontext betrachten:

> *„Wo wird wie viel Strom produziert, wie nachhaltig ist der wirklich verfügbar, dann müsste ich auch meine Maßnahmen differenziert denken. Vielleicht brauche ich in Norddeutschland keine teure Dämmung, weil der Strom grün und günstig ist, aber in Baden-Württemberg eben doch" (B5: 96).*

Allerdings ist fraglich, wer eine solche ganzheitliche Betrachtung übernehmen und den erforderlichen Gesamtüberblick leisten könne (vgl. B5: 98).

Des Weiteren wiesen viele Befragte auf einen Mangel an belastbaren ESG-Daten sowie fehlende Standardisierungen hin. Ohne eine strukturierte, valide und vergleichbare Datengrundlage bleiben viele ESG-Maßnahmen in ihrer Wirkung schwer quantifizierbar und damit unterrepräsentiert in Investitionsentscheidungen, Immobilien- und Portfoliostrategien oder Finanzierungskonditionen (vgl. B3: 29, 73; B8: 40; B8: 56; B4: 54). Aktuell liegt der Fokus des Marktes stark auf der Datenerhebung. Darauf aufbauende Auswertungen, strategische Ableitungen oder Entscheidungsmodelle sind bislang selten (vgl. B3: 73).

Viele Interviewpartner sehen auch im Bereich der „sozialen Nachhaltigkeit" noch erheblichen Handlungsbedarf (vgl. Abschnitt 3.3.4). Insbesondere Einflussgrößen wie Nutzerzufriedenheit, Aufenthaltsqualität, soziale Durchmischung und Barrierefreiheit werden als ökonomisch relevant, jedoch häufig nicht systematisch erfasst beschrieben (vgl. B3: 44; B10: 40). Trotz nachvollziehbarer Wirkzusammenhänge, etwa über Fluktuationsquoten, stabile Cashflows oder akzeptierte Mietprämien, existieren bislang kaum etablierte KPIs oder Bewertungsmodelle, die diese Effekte robust und nachvollziehbar abbilden (vgl. B3: 44; B4: 37; B6: 39).

Auch im Bereich Governance zeigen sich strukturelle Schwächen in Wahrnehmung und Implementierung. Zwar erkennen Marktakteure zunehmend die Bedeutung von Steuerungskompetenz, Projekttransparenz und klaren ESG-Verantwortlichkeiten, konkrete Auswirkungen auf Finanzkennzahlen lassen sich jedoch nur schwer isolieren, weshalb diese Faktoren bislang selten explizit erfasst oder monetarisiert werden (vgl. B8: 47; B3: 73; B4: 54). Gleichzeitig wird auf die Bedeutung von Planungs- und Bauprozessqualität als wirtschaftlich relevantem Erfolgsfaktor hingewiesen, dem im ESG-Kontext bislang zu wenig Beachtung geschenkt wird (vgl. B1: 50; B6: 45). Ein Befragter formulierte hierzu pointiert, dass ein effizient gesteuertes Projekt wirtschaftlich oft bedeutsamer sei als ein grünes Dach (vgl. B1: 50).

Die unterbewerteten ESG-Maßnahmen weisen nach Einschätzung der Experten häufig ein erhebliches wirtschaftliches Potenzial sowie eine hohe ökologische Relevanz auf.

3.3.9 Weitere relevante Expertenaussagen

Im Rahmen der Gespräche mit den Experten ergaben sich weitere relevante Aussagen, die in keinen der bereits vorgestellten Themenblöcke eindeutig einzuordnen sind, jedoch wichtige Ergänzungen zur Gesamtbetrachtung darstellen. Diese Aussagen betreffen insbesondere übergreifende Wahrnehmungen, strategische Spannungsfelder, regulatorische Rahmenbedingungen sowie inhaltliche Synergieeffekte zwischen verschiedenen ESG-Dimensionen. Die nachfolgenden Ausführungen fassen diese Inhalte strukturiert zusammen.

Intrinsische Motivation und wertorientiertes Handeln

Ein Interviewpartner führte aus, wenn ESG nur als regulatorisch verpflichtende Reporting-Anforderung betrachtet wird, gerät das vorhandene Potenzial aus dem Blick. Stattdessen sollte man ESG als strategisches Steuerungsinstrument verstehen, zur Risikominimierung, zur Steigerung der Nutzerzufriedenheit oder zur Erhöhung der Werthaltigkeit der Immobilie (vgl. B8: 60).

Ein Befragter sagte hierzu:

> *„ESG ist gekommen, um zu bleiben. […] ESG ist kein Add-On, kein Trendbegriff. Es ist ein integraler Bestandteil. Man braucht kein Marketing-ESG, sondern ein systematisches ESG“ (B3: 86).*

Auch B7 verwies darauf, dass ESG-Konformität zur Erhöhung der Drittverwendungsfähigkeit beiträgt und damit als langfristiger Stabilitätsfaktor in Betracht gezogen wird (vgl. B7: 47). Diese Sichtweise verweist auf eine zunehmende Integration von ESG in unternehmensstrategische Narrative, bei denen nicht allein kurzfristige Renditeaspekte dominieren.

Gleichzeitig wurde von mehreren Gesprächspartnern eingeräumt, dass eine breite Umsetzung der ESG-Prinzipien nicht ohne Einschränkungen bei den Renditeerwartungen denkbar ist (vgl. B2: 61; B6: 58).

Insbesondere B6 betonte, dass ESG nicht funktionieren wird, ohne dass Investoren dazu bereit sind, für den Schutz des Klimas und für die Erreichung von ESG-Zielen Abschläge in der Rendite zu akzeptieren. Dabei wies der Befragte aber auch auf die Gefahr hin, dass eine übermäßige Regulierungsdichte den Wohlstand in Europa gefährden könnte, wenn ESG-Ziele nicht mit realwirtschaftlicher Tragfähigkeit vermittelt werden (vgl. B6: 58).

Daher teilt der Befragte folgende Meinung:

> *„Erst wenn wir Technologien finden, die sich die ganze Welt leisten kann, wenn wir Technologien entwickeln, die non-profitable sind, also leistbar für reiche Industriestaaten und für Entwicklungsländer, und wir das global ausrollen können, erst dann werden wir dahin kommen, dass jeder Mensch und jedes Land das E in ESG nach vorne bringen wird. [...] Solange das nicht vorhanden ist, werden wir, wenn nicht die ganze Welt mitzieht, unsere Ziele niemals erreichen"* (B6: 58).

Spannungsverhältnis zwischen Regulierung und Marktdynamik

Zentrales Thema ist die zunehmende Komplexität und Inkonsistenz regulatorischer Anforderungen und Ratingsysteme (vgl. B4: 58; B7: 53). Hier wurde in der Vergangenheit vieles angestoßen, aber wenig tatsächlich umgesetzt (vgl. B7: 53).

Ein Kritikpunkt war die mangelnde Anschlussfähigkeit zwischen politischen Zielen und operativer Realität. So hob B6 hervor, dass gerade im wohnwirtschaftlichen Bereich regulatorische Anforderungen häufig als Investitionshemmnis empfunden werden (vgl. B6: 20). Auch wurde mehrfach angemerkt, dass der Markt zwar eine zunehmende Nachfrage nach ESG-konformen Assets aufweise, viele Unternehmen jedoch Schwierigkeiten hätten, den damit verbundenen Aufwand, insbesondere im Bereich der Datenerhebung, zu bewältigen (vgl. B3: 73; B7: 53).

Strategische ESG-Ziele versus objektbezogene Umsetzung

Ein Gesprächspartner schilderte, dass ESG-Ziele zunehmend auf strategischer Unternehmensebene verankert seien, ihre Umsetzung auf Objektebene jedoch oftmals mit Zielkonflikten verbunden ist. So betonte B2, dass bestimmte CO_2-reduzierende Maßnahmen zwar den strategischen ESG-Zielen eines Fonds entsprechen, auf Objektebene aber zu erhöhten CapEx-Belastungen führen, die sich nicht unmittelbar in einem höheren Verkehrswert des Objekts widerspiegeln (vgl. B2: 23).

Auch auf Seiten der Investoren werden divergierende Interessen sichtbar. Während einige zunehmend Artikel 8 oder 9 Produkte nachfragen, bevorzugen andere bewusst weniger regulierte Fondsstrukturen (Artikel 6), um Handlungsspielräume bei der Renditeerzielung zu wahren. ESG wird somit nicht ausschließlich als regulatorisches Erfordernis, sondern zunehmend auch als Positionierungsinstrument im Wettbewerb um Investoren interpretiert, bei teils gegenläufigen Präferenzen (vgl. B2: 60 bis 61; B4: 60; B7: 28).

ESG-Synergien und ganzheitliche Wirkung

Verschiedene Interviewpartner wiesen auf Synergieeffekte zwischen ESG-Maßnahmen hin, die über isolierte Wirkungen hinausgehen. Besonders häufig wurden Maßnahmen genannt, die sowohl ökologische als auch soziale Effekte erzeugen, etwa begrünte Außenräume, die sowohl das Mikroklima verbessern als auch zur Nutzerzufriedenheit beitragen (vgl. B3: 32; B4: 33; B6: 35). Auch Biodiversitätsmaßnahmen wie Insektenhotels oder Blühwiesen wurden mehrfach als hybride ESG-Elemente beschrieben, die in Zertifizierungen ebenso einfließen wie in die subjektive Qualitätswahrnehmung (vgl. B4: 34).

Insbesondere Governance wurde hier häufig als wichtiger Synergieeffekt in Form einer übergreifenden Ermöglichungsstruktur beschrieben, ohne die ESG-Maßnahmen weder systematisch erfasst noch wirksam gesteuert werden können (vgl. Abschnitt 3.3.5).

Diskussion

4

Kapitel 4 diskutiert die empirisch gewonnenen Ergebnisse im Licht der Forschungsfrage und ordnet sie systematisch in das konzeptionelle Modell ein. Nach einer verdichteten Synthese entlang der ESG-Dimensionen und einer queranalytischen Betrachtung nach Finanzkennzahlen werden die Ergebnisse mit den zentralen Befunden aus der Literatur abgeglichen sowie praxisrelevante Schlussfolgerungen abgeleitet.

4.1 Synthese der Ergebnisse nach ESG-Dimension

Im Folgenden werden die Ergebnisse der Experteninterviews entlang der ESG-Dimensionen analysiert und zentrale Wirkungsmuster sowie ökonomisch relevante Zusammenhänge identifiziert. Die strukturierte Darstellung nach thematischen Maßnahmenblöcken ermöglicht eine differenzierte Analyse der ESG-Effekte auf die betriebswirtschaftlichen Kennzahlen.

4.1.1 Klimaschutz und Energie

Der ESG-Block „Klimaschutz und Energie“ weist unter allen betrachteten Maßnahmenblöcken die klarste und ökonomisch am besten greifbare Wirkungsstruktur auf. Es zeigt sich ein deutlicher Zielkonflikt zwischen kurzfristiger Investitionsbelastung und langfristigem ökonomischem Nutzen, der in nahezu allen Interviews thematisiert wurde.

N. Z. Sachs, *Modellierung des Zusammenhangs von ESG-Kriterien und ausgewählten Finanzkennzahlen*, BestMasters,
https://doi.org/10.1007/978-3-658-51686-4_4

Investitionskennzahlen

In Bezug auf die Investitionskennzahlen ergibt sich ein differenziertes Bild. Einerseits sind energiebezogene Maßnahmen regelmäßig mit erhöhten Anfangsinvestitionskosten verbunden, welche sich insbesondere in der Anfangsphase negativ auf die IRR auswirken können. Insbesondere dann, wenn die Mehrkosten nicht unmittelbar mit einer entsprechenden Aufwertung in der Bewertung der Immobilie kompensiert werden. Andererseits eröffnen dieselben Maßnahmen bei einem langfristigen Anlagehorizont erhebliche Potenziale für die Investitionsattraktivität. Beispielsweise über geringere Betriebskosten, stabilere Cashflows oder eine bessere Drittverwendungsfähigkeit. Energieeffiziente Objekte gelten als zukunftsfähiger, was das Exitszenario optimiert und somit indirekt auch den NPV stärkt. Letztlich wird deutlich, dass der Einfluss auf Investitionskennzahlen nicht eindeutig quantifizierbar, aber strategisch bedeutsam ist, vor allem im Kontext langfristiger Haltestrategien institutioneller Investoren und wachsender regulatorischer ESG-Anforderungen. Die Bewertung als schwach positiver Effekt scheint vor diesem Hintergrund angemessen.

Betriebskennzahlen

Im Hinblick auf die Betriebskennzahlen ergibt sich ein konsistentes und eindeutig positives Wirkungsgefüge. Die Aussagen der Befragten zeigen eine doppelte Effizienzwirkung. Einerseits ermöglichen Maßnahmen zur Steigerung der Energieeffizienz direkte Betriebskostensenkungen, andererseits tragen sie durch eine verbesserte Vermietbarkeit potenziell höhere Mieterlöse zur Erhöhung des NOI bei. Insbesondere bei Nutzern mit eigenen Nachhaltigkeitszielen stellt die Energieeffizienz zunehmend ein Entscheidungskriterium dar, was sich ebenfalls im NOI und der Leerstandsquote niederschlagen kann. Temporäre Nachteile, etwa infolge von Umbauphasen, werden von den Interviewpartnern als nachrangig bewertet. Im Vergleich zu anderen ESG-Maßnahmenblöcken ist hier eine besonders klare und betriebswirtschaftlich belastbare Kausalverbindung zur Performance festzustellen, die eine stark positive Bewertung im Modell rechtfertigt.

Bewertung und Finanzierung

Auch im Bereich Bewertung und Finanzierung zeigt sich ein klar positiver Trend. Energieeffiziente Gebäude werden zunehmend als werthaltiger eingestuft, etwa aufgrund verbesserter Restnutzungsdauer, höherer Marktmieten oder zertifikatsbasierter Qualitätsnachweise. Parallel dazu konnten in den Interviews konkrete Finanzierungsvorteile identifiziert werden. Die Interviews zeigen, dass ESG-Kriterien, insbesondere im Bereich Energie, vermehrt in Kreditentscheidungen einfließen. Banken honorieren energieeffiziente Objekte durch bessere Beleihungswerte, Zinsnachlässe oder Zugang zu Förderprogrammen. Maßgeblich ist dabei häufig das ESG-Rating des Objekts, das durch energiebezogene Maßnahmen signifikant verbessert werden kann. Zwar bestehen noch Unterschiede zwischen Finanzinstituten und Bewertungsansätzen, insbesondere im internationalen Vergleich, dennoch ergibt sich ein klares Bild. Die Zukunftsfähigkeit und Risikominimierung von Immobilien durch eine hohe Energieeffizienzklasse wird zunehmend als finanzierungsrelevant bewertet. Damit geht der ESG-Block „Klimaschutz und Energie“ über seine ökologische Bedeutung hinaus und fungiert als strategischer Hebel für Kapitalzugang und Wertentwicklung. Die Bewertung als stark positiv ist daher eindeutig begründet.

Insgesamt lässt sich „Klimaschutz und Energie“ als Schlüsselblock im ESG-Feld charakterisieren. Er ist sowohl quantitativ am besten erfassbar, etwa über Energiekennwerte oder Zertifikate, als auch ökonomisch direkt wirksam. Gleichzeitig bleibt die Wirkung auf Investitionen abhängig vom Betrachtungshorizont und der Einbettung in langfristige Strategien. Aus Modellperspektive kann dieser ESG-Block als leistungswirksamer Werttreiber eingeordnet werden, dessen wirtschaftliches Potenzial bereits heute spürbar ist und mit zunehmender ESG-Institutionalisierung weiter wachsen dürfte.

4.1.2 Ressourcen und Material

Im Vergleich zu anderen ESG-Maßnahmenblöcken zeigt sich bei „Ressourcen und Material“ ein auffällig zurückhaltendes Wirkungsprofil, das vor allem durch eine geringe betriebswirtschaftliche Sichtbarkeit und begrenzte Marktrelevanz geprägt ist. Zwar bestehen einzelne mittelbare positive Effekte, doch fehlt es häufig an konkreter Quantifizierbarkeit, an institutioneller Verankerung sowie an Wahrnehmung durch Investoren und Nutzer.

Investitionskennzahlen

In Bezug auf Investitionskennzahlen verweisen viele Interviewpartner auf Kostensteigerungen und Projektverzögerungen durch ressourcenschonende Baustoffe und wassersparende Technologien, ohne dass diese regelmäßig mit einem Kapitalwertzuwachs honoriert werden. Solche Maßnahmen scheinen insbesondere unter kurzfristigen Renditezielen schwer kapitalisierbar. Gleichzeitig deuten Einzelaussagen auf Kostenvorteile durch Cradle-to-Cradle-Ansätze hin. Solche Konzepte sind bislang kaum vertreten und können für den Bestand nicht angewandt werden, weshalb die Einschätzungen hierzu eher hypothetisch sind. Die Diskrepanz zwischen ökologischem Vorteil und tatsächlicher Rentabilität lässt diesen ESG-Block eher als mittelbaren Effizienzverstärker erscheinen, nicht aber als Renditetreiber im Sinne klassischer Investitionskennzahlen. Eine Modellbewertung als neutral erscheint daher sachgerecht, da keine konsistenten oder systematisch nutzbaren Einflüsse auf Investitionskennzahlen identifiziert wurden.

Betriebskennzahlen

Bei den Betriebskennzahlen ist ein ähnliches Muster zu erkennen. Zwar bestehen technisch realisierbare Einsparungen bei Wasser oder Abfall, allerdings fallen diese relativ gering aus und sind in der Praxis durch mangelnde Nutzerbeteiligung oder fehlende Differenzierungswirkung limitiert. Die Wirkung dieser Maßnahmen entfaltet sich nicht über direkte Einnahmesteigerung, sondern allenfalls über stärkere Mieterbindung. Ein indirekter Effekt, der sich ökonomisch schwer isolieren lässt. Im Vergleich zu energiebezogenen Maßnahmen fehlt es noch an operationalisierten Benchmarks und an Markttransparenz. Dies deutet auf ein strukturell schwaches aber positives Wirkgefüge mit selektiver Relevanz in Spezialmärkten hin. Die Modellbewertung als schwach positiv ist daher gerechtfertigt.

Bewertung und Finanzierung

Auch im Bereich Bewertung und Finanzierung dominiert ein unscharfes Wirkungsbild. Die Aussagen der Experten zeigen, dass ressourcenschonende Maßnahmen nur selten eigenständig in Gutachten oder Ratings berücksichtigt werden, sondern allenfalls als Elemente umfassender ESG-Konzepte wirken. Banken zeigen bisher geringes Interesse an Detailprüfungen, was insbesondere an fehlenden Daten und Standards liegt. Dennoch deuten einzelne Aussagen auf ein zukünftig positives Wirkungspotenzial hin, primär durch die Etablierung sekundärer Wertschöpfungsketten und Materialrückgewinnung. Aktuell bleibt dieser Effekt jedoch hypothetisch, weshalb das Wirkungsgefüge im Modell neutral bewertet wird.

Insgesamt kann „Ressourcen und Material" als ein ESG-Block mit strategischem, aber derzeit schwach monetarisiertem Wirkungspotenzial charakterisiert werden. Während Klimaschutzmaßnahmen über Energieeffizienz direkte betriebswirtschaftliche Rückflüsse erzeugen, sind ressourcenschonende Maßnahmen eher implizite Werterhaltungsinstrumente. Prinzipiell ökonomisch, aber noch nicht durchgängiger Teil marktwirksamer ESG-Strategien.

4.1.3 Fläche und Biodiversität

Im ESG-Block „Fläche und Biodiversität" zeigt sich ein besonders deutlicher Zielkonflikt zwischen gesellschaftlicher und ökologischer Relevanz auf der einen Seite und wirtschaftlicher Greifbarkeit auf der anderen. Obwohl die Maßnahmen in diesem Bereich vielfach als städtebaulich und ökologisch sinnvoll angesehen werden, sind ihre Wirkungen auf finanzielle Kennzahlen schwer quantifizierbar, indirekt und stark kontextabhängig. Die ökonomische Sichtbarkeit dieser Maßnahmen ist im Vergleich zu anderen ESG-Blöcken deutlich geringer.

Investitionskennzahlen

Im Hinblick auf die Investitionskennzahlen überwiegen zurückhaltende und teils kritische Einschätzungen. Die Interviewten betonen die hohen initialen Bau- und Pflegekosten, die mit biodiversitätsfördernden oder flächengestalterischen Maßnahmen verbunden sind. Diese führen in der Regel zu einer Verschlechterung der IRR, da sie nicht zu höheren Einnahmen führen und sich nicht in standardisierten Wirtschaftlichkeitskennzahlen abbilden lassen. Der fehlende monetäre Rückfluss, gepaart mit schwer messbaren Wirkzusammenhängen, macht diesen Maßnahmenblock aus Investorensicht zu einem ökonomischen Randbereich. Zwar wurden in einzelnen Fällen mittelbare positive Effekte benannt, etwa durch eine erhöhte Genehmigungsfähigkeit oder positive Beiträge zur städtebaulichen Entwicklung, jedoch fehlt es an systematischer Evidenz für eine breitere Wirkung auf Investitionsentscheidungen. Insofern erscheint eine neutrale Bewertung im Modell notwendig, da der Mehraufwand häufig nicht in direkter Kapitalisierung mündet.

Betriebskennzahlen

Die Betriebskennzahlen zeigen ein ähnliches Spannungsverhältnis zwischen weichen Wirkpotenzialen und begrenzter wirtschaftlicher Sichtbarkeit. Maßnahmen wie Dach- oder Fassadenbegrünungen, begrünte Außenflächen oder Biodiversitätselemente werden durchaus als mieterbindend und imagefördernd wahrgenommen. Positive Effekte auf die Aufenthaltsqualität, eine erhöhte Nutzerzufriedenheit und ein geringerer Leerstand wurden mehrfach beschrieben. Auch sind tendenziell höhere Zahlungsbereitschaften oder eine schnellere Vermietung möglich, vor allem im Wohnbereich und bei ESG-affinen Nutzern im gewerblichen Segment. Gleichzeitig wird die ökonomische Messbarkeit dieser Effekte auch hier kritisch hinterfragt. Hinzu kommen laufende Kosten für Pflege, Instandhaltung und Bewässerung, die den operativen Gewinn belasten können. In Summe lässt sich dieser ESG-Block hinsichtlich der Betriebskennzahlen als ambivalent beschreiben. Die

Maßnahmen steigern die weiche Qualität des Objekts, erzeugen unter Umständen mittelbar einen betriebswirtschaftlichen Vorteil, sind in vielen Fällen aber mit zusätzlichen laufenden Kosten verbunden. Eine schwach positive Modellbewertung erscheint angemessen, mit Blick auf mittelbare Potenziale, aber auch erkennbare Kostennachteile.

Bewertung und Finanzierung

Im Bereich der Bewertung und Finanzierung wird das eingeschränkte ökonomische Wirkprofil noch deutlicher. Biodiversitätsmaßnahmen sowie Gestaltungsmerkmale der Außenräume fließen laut den Befragten kaum in Verkehrswertgutachten oder Bankbewertungen ein. Der Hauptgrund liegt in der fehlenden Standardisierung und der geringen monetären Operationalisierbarkeit. Es bestehen keine belastbaren monetären Ableitungen für Begrünungsmaßnahmen oder biodiversitätsfördernde Gestaltung, sodass Gutachter sich entweder auf weiche Indikatoren stützen müssen oder diese Maßnahmen komplett ausblenden. Auch für Kreditinstitute gelten solche Maßnahmen aktuell nicht als eigenständige Bewertungskategorie, allenfalls als Teil aggregierter ESG-Scores. Entsprechend besteht auch keine direkte Verbindung zu Zinssätzen, Beleihungsausläufen oder LTV-Kennziffern. Einzelne positive Ausnahmen wurden nur dort beobachtet, wo Biodiversitätsaspekte als Bestandteil von ESG-Zertifizierungen auftraten, die wiederum indirekt zu verbesserten Finanzierungskonditionen führen können. Derzeit überwiegt jedoch ein Zustand ökonomischer Unsichtbarkeit. Zwar werden zukünftige Potenziale angedeutet, etwa durch stärkere ESG-Ratings, städtebauliche Bewertungen oder regulatorische Anreize, doch bleibt deren Verwirklichung offen. Die Bewertung als neutraler Einfluss im Modell erscheint daher angemessen, da derzeit keine belastbare oder systematisch messbare Wirkung auf Bewertung und Finanzierung festgestellt werden kann. Positive Effekte bestehen, wenn überhaupt, im Rahmen aggregierter ESG-Strategien, jedoch nicht auf Ebene der Einzelmaßnahme „Fläche und Biodiversität".

Insgesamt kann „Fläche und Biodiversität" als ESG-Block mit hohem symbolischem und ökologischem Wert aber begrenzter gegenwärtiger betriebswirtschaftlicher Wirkung beschrieben werden. Die Maßnahmen stärken die Nutzerbindung und verbessern die ESG-Glaubwürdigkeit eines Objekts, ohne jedoch in klassische wirtschaftliche Steuerungsgrößen übersetzbar zu sein. Sie entfalten Wirkung im Zusammenspiel mit anderen ESG-Maßnahmen, fungieren aber (noch) nicht als eigenständige Werttreiber im Investitions- oder Finanzierungsprozess.

4.1.4 Soziale Nachhaltigkeit

Der ESG-Block „Soziale Nachhaltigkeit“ stellt im Vergleich zu den Dimensionen Environment und Governance den ökonomisch am schwersten zu fassenden Teilbereich dar. Während Maßnahmen im Bereich Umwelt teilweise standardisiert messbar (z. B. über Energieverbrauch, Emissionskennwerte) und Governance-Aspekte in der Regel klar institutionell oder regulatorisch verankert sind (z. B. durch Compliance-Systeme, Offenlegungspflichten), fehlt es im Bereich sozialer Nachhaltigkeit bislang weitgehend an verbindlichen Standards, anerkannten Messgrößen oder regulatorischen Rahmenbedingungen. Die Interviews zeigen, dass soziale Maßnahmen zwar strategisch hochrelevant sind, ihre Wirkung auf finanzielle Kennzahlen jedoch schwer zu beziffern und selten belegbar ist. Der ökonomische Einfluss bleibt daher oft indirekt, kontextabhängig und schwer in die betriebswirtschaftliche Steuerungslogik integrierbar. Diese strukturelle Unschärfe unterscheidet den Social-Block fundamental von den deutlich normierten Environmental- und Governance-Dimensionen.

Investitionskennzahlen

In Bezug auf Investitionskennzahlen zeigt sich eine markante Spannung zwischen kurzfristigem Mehraufwand und langfristiger Stabilität der Immobilie. Auch die Umsetzung sozialer Maßnahmen erfordert zusätzliche Investitionen für technische Systeme oder bauliche Anpassungen, deren monetäre Wirkung auf IRR und NPV kurzfristig negativ ausfallen kann. Gleichzeitig schildern die Experten überzeugend, dass sich diese Maßnahmen mittel- bis langfristig stabilisierend auf den Investitionserfolg auswirken, insbesondere durch geringere Vermietungsrisiken und bessere Exitoptionen infolge einer starken Wettbewerbsfähigkeit. Entsprechend tritt dabei weniger die unmittelbare Wertsteigerung, sondern die Absicherung erwarteter Renditen durch Risikominimierung als zentraler Wirkmechanismus hervor. Besonders deutlich wird dies in ESG-sensitiven Segmenten, etwa bei Gesundheitsimmobilien oder institutionellen Mietern, wo bestimmte soziale Qualitäten inzwischen als vermietungs- und somit investitionsentscheidend gelten. Im Ergebnis wirken soziale Maßnahmen nicht als klassische Werthebel, sondern als kontextabhängige Risikopuffer, deren wirtschaftliche Relevanz sich vor allem bei langfristiger Betrachtung entfaltet und deren Nichtvorhandensein Renditerisiken birgt. Eine schwach positive Bewertung im Modell trägt dieser intermediären Funktion Rechnung.

Betriebskennzahlen

Hinsichtlich der Betriebskennzahlen wird der positive Einfluss sozialer Maßnahmen auf Mieterbindung, Fluktuationsreduktion und Leerstandvermeidung mit entsprechenden Auswirkungen auf den NOI deutlich. Dabei wirkt sich weniger die einzelne Maßnahme isoliert aus, sondern die Kombination aus Komfort, Aufenthaltsqualität und wahrgenommenem Verantwortungsbewusstsein. Gleichzeitig zeigen die Aussagen, dass die Umsetzung sozialer Standards nicht zwangsläufig mit Einnahmesteigerungen verbunden ist. In vielen Fällen handelt es sich um Hygienefaktoren, deren Fehlen stärker ins Gewicht fällt als ihre Präsenz. Damit liegt die betriebswirtschaftliche Bedeutung sozialer Maßnahmen vor allem in der Vermeidung negativer Effekte, nicht in unmittelbaren Performancegewinnen. Zusätzliche Betriebskosten, etwa durch Wartung technischer Systeme oder kommunikative Anforderungen werden von den Interviewten als begrenzt, aber vorhanden eingeschätzt. In Summe ergibt sich ein Bild weicher betrieblicher Wirkung, das weder neutral noch durchgängig positiv ist, aber durch Mieterbindung und Imageeffekte zur Stabilisierung operativer Ergebnisse beitragen kann. Die Bewertung als schwach positiver Einfluss erscheint angesichts dieser Konstellation gerechtfertigt.

Bewertung und Finanzierung

Auch im Bereich Bewertung und Finanzierung bleibt die Wirkung sozialer Maßnahmen bislang begrenzt. Klassische Verkehrswertverfahren berücksichtigen diese Faktoren kaum und auch auf Seiten der Finanzierer fehlt es an etablierten Bewertungslogiken, um qualitative soziale Aspekte verlässlich in Kreditkonditionen zu übersetzen. Gleichzeitig zeigen sich erste strukturelle Anknüpfungspunkte. Bei institutionellen Mietern, in ESG-Ratings oder im Rahmen von Zertifizierungen können soziale Maßnahmen die Marktwahrnehmung verbessern und selektiv zu besseren Finanzierungsbedingungen und höheren Verkehrswerten führen. Diese Effekte sind bislang jedoch weder standardisiert noch flächendeckend belastbar, sondern beschränken sich auf einzelne Kontexte. Perspektivisch erwarten mehrere Experten eine stärkere Integration, etwa durch ESG-Regulierung oder bankenseitige Reportingpflichten. Die Bewertung als schwach positiver Einfluss trägt dieser Zwischenlage Rechnung, die durch vorhandenes Wirkungspotenzial ohne klare wirtschaftliche Operationalisierung gekennzeichnet ist.

Insgesamt lässt sich „Soziale Nachhaltigkeit“ als ESG-Bereich mit hoher strategischer Bedeutung, operativer Wirkung und begrenzter Steuerbarkeit charakterisieren. Die ökonomische Logik folgt keiner klassischen Investitions- oder Performance-Rationalität, sondern basiert auf Markterwartungen, Differenzierungspotenzial und Risikoreduktion. Die dreifach schwach positive Bewertung reflektiert diese Zwischenstellung. Sie berücksichtigt sowohl die weichen, aber relevanten Effekte als auch die methodischen und regulatorischen Schwächen sowie die bislang mangelnde Abbildbarkeit in finanziellen Kennzahlen.

4.1.5 Governance und technische Qualität

Der ESG-Block „Governance und technische Qualität" nimmt eine Sonderstellung innerhalb der untersuchten Maßnahmenblöcke ein. Anders als Maßnahmen im Bereich Umwelt und Soziales ist Governance häufig nicht direkt an das Objekt gekoppelt, sondern stellt strukturelle Voraussetzungen auf Unternehmens- oder Portfolioebene dar, die über Prozessqualität, Verantwortlichkeitsstruktur und Standardisierung die ESG-Umsetzung vorgeben. Gleichzeitig weist dieser Block trotz hoher Relevanz für Planungssicherheit, Betrieb und Finanzierung, eine geringe monetäre Sichtbarkeit auf, da viele Effekte indirekt oder schwer zu isolieren sind. Die Wirkung entfaltet sich nicht über einzelne Maßnahmen, sondern über systemisch verankerte Qualitätssicherung, was Governance methodisch schwer greifbar aber strategisch hochbedeutend macht.

Investitionskennzahlen

Im Bereich der Investitionskennzahlen verweisen die Experten übereinstimmend auf die funktionale Bedeutung guter Governance-Strukturen für Projektqualität, Kostenverläufe und Risikosteuerung. Maßnahmen wie ein etabliertes ESG-Monitoring, klare Zuständigkeiten, strukturierte Due-Diligence-Prozesse und strategisches Risikomanagement tragen dazu bei, Schwachstellen frühzeitig zu erkennen, Projektverzögerungen zu vermeiden und Investitionsentscheidungen auf belastbare und transparente Informationsgrundlagen zu stellen. In der Wirkungsperspektive erscheinen Governance-Maßnahmen somit nicht als unmittelbare Werthebel, sondern als Fundament ökonomischer Planbarkeit. Ihr Effekt auf IRR und NPV entsteht vor allem durch Stabilisierung, Transparenz und Investitionssicherheit, nicht durch eigenständige Wertsteigerung. Auch institutionelle Investoren beziehen Governance zunehmend in ihre qualitativen Bewertungsmaßstäbe ein, als Indikator für Professionalität und Zukunftsfähigkeit. Gleichwohl bleibt die Wirkung schwer quantifizierbar, da sie nicht in klar messbare Einzelgrößen überführt werden kann. Die Bewertung als schwach positiv erscheint als pragmatische Abbildung eines stabilisierenden, aber methodisch schwer fassbaren Einflusses.

Betriebskennzahlen

Bezüglich der Betriebskennzahlen entfaltet Governance ihre Wirkung vor allem über strukturelle Qualität und Prozesssicherheit. Die Aussagen der Interviewten zeigen ein konsistentes Bild. Klare Verantwortlichkeiten, digitale Systeme und standardisierte Abläufe ermöglichen einen wirtschaftlich stabileren Gebäudebetrieb, senken langfristig Ausfallrisiken und schaffen Voraussetzungen für eine strategische, ESG-konforme Bewirtschaftung. Gleichzeitig bleibt die monetäre Wirkung schwer greifbar. Die Effekte zeigen sich selten in Form unmittelbar messbarer Verbesserungen des NOI, sondern wirken indirekt über Vertrauen, Verlässlichkeit und Fehlerminimierung. Governance erscheint damit weniger als direkter Werttreiber, sondern als institutionelles Rückgrat, das andere betriebliche Optimierungen erst ermöglicht. Diese strukturierende Wirkung ist inhaltlich plausibel, ökonomisch aber schwer abgrenzbar oder operationalisierbar. Die Bewertung als schwach positiver Einfluss trägt dieser vermittelnden Funktion zwischen Managementqualität und Betriebsergebnis angemessen Rechnung.

Bewertung und Finanzierung

Auch im Bereich Bewertung und Finanzierung entfaltet Governance primär Wirkung über Vertrauen, Transparenz und Risikokommunikation. Banken und Investoren schätzen dokumentierte Prozesse, ESG-Berichterstattung und institutionalisierte Risikostrukturen zunehmend als qualitatives Signal für Professionalität und Zukunftsfähigkeit. Diese Wahrnehmung kann sich positiv auf ESG-Ratings, Bonitätseinschätzungen oder Finanzierungskonditionen auswirken. Allerdings bestehen auch hier weiterhin methodische Unsicherheiten. Die konkrete Auswirkung auf Verkehrswerte oder Beleihungsausläufe wird nur selten systematisch erfasst und bleibt stark kontextabhängig. Governance gilt daher weniger als direkt wertbildender Faktor, sondern vielmehr als weiches Qualitätsmerkmal, das über reputative Kanäle wirkt. Mehrere Experten verorten den Effekt zudem auf Unternehmensebene, während der Durchschlag auf das einzelne Objekt auch hier eher als begrenzt eingeschätzt wird. Perspektivisch könnte sich Governance zu einem strukturellen Zugangskriterium für bestimmte Kapitalquellen entwickeln. Die Modellbewertung als schwach positiver Einfluss reflektiert diesen Status zwischen institutioneller Relevanz und ökonomischer Unschärfe sachgerecht.

In Summe lässt sich „Governance und technische Qualität" als fundierendes ESG-Element beschreiben, das weniger durch direkte monetäre Effekte als durch seine institutionalisierende Wirkung auf alle anderen ESG-Bereiche hervorsticht. Die schwach positive Bewertung in allen drei Kategorien spiegelt diesen strukturell wichtigen, aber betriebswirtschaftlich schwer messbaren Beitrag angemessen wider.

4.2 Queranalyse der Wirkungen nach KPI-Gruppen

Nach der strukturierten Betrachtung der ESG-Wirkungen entlang inhaltlicher Themenblöcke folgt nun eine Auswertung nach betriebswirtschaftlichen Zielgrößen. Hierfür werden die Wirkungsmuster von ESG-Maßnahmen differenziert entlang der zentralen Finanzkennzahlen herausgearbeitet und ihre jeweilige Aussagekraft kritisch reflektiert.

4.2.1 Internal Rate of Return

Die IRR zeigt sich im Kontext von ESG als strukturell nur begrenzt aufnahmefähig für nachhaltigkeitsbezogene Effekte. Als renditeorientierte Kennzahl mit starkem Fokus auf Zeitpunkt und Umfang der Rückflüsse reagiert sie empfindlich auf höhere Anfangsinvestitionen, ohne gleichzeitig langfristige oder qualitative Vorteile adäquat abzubilden.

Viele ESG-Maßnahmen entfalten ihre Wirkung erst mittel- bis langfristig, etwa durch stabilere Cashflows, geringere Exitrisiken oder regulatorische Zukunftssicherheit. Diese Effekte lassen sich im Rahmen der IRR-Berechnung nur schwer erfassen, sofern sie nicht unmittelbar liquiditätswirksam sind oder als zukünftige Zahlungsflüsse prognostiziert und in die Kalkulation integriert werden. Dadurch entsteht ein systematisches Bias zugunsten konventioneller Investitionen. Zudem ist die IRR besonders anfällig für kurzfristige Verzerrungen, etwa durch Baukostensteigerungen oder längere Projektlaufzeiten. ESG-Maßnahmen erscheinen so häufig nachteilig, selbst wenn sie langfristig sinnvoll wären. Die empirischen Befunde bestätigen dies. Die Bewertung bleibt defensiv, nicht weil ESG unwirksam wäre, sondern weil die IRR deren Wirkung nur begrenzt erfassen kann.

4.2.2 Net Present Value

Der NPV ist dazu geeignet, wirtschaftliche Effekte von ESG-Maßnahmen abzubilden. Als absolute Größe berücksichtigt er den vollständigen Zahlungsstrom einer Investition und ermöglicht damit auch die Bewertung mittel- bis langfristiger Effekte, etwa durch stabile Mieterträge, reduzierte Instandhaltungskosten oder verbesserte Exit-Wahrscheinlichkeiten.

ESG-Maßnahmen, deren Nutzen sich nicht unmittelbar kapitalisieren lässt, können im NPV dennoch Wirkung entfalten, sofern sie sich in realistische Annahmen zu Cashflow oder Risikofaktoren übersetzen lassen.

Dennoch bleiben Unsicherheiten bestehen. Die Wirkung von ESG auf Marktwerte, Mietentwicklung und Kostenverläufe ist nicht immer quantifizierbar und unterliegt konjunkturellen sowie regulatorischen Einflüssen.

4.2.3 Net Operating Income

Der NOI reagiert von allen betrachteten Kennzahlen am unmittelbarsten auf ESG-Maßnahmen, insbesondere im Bereich Energieeffizienz, Flächenqualität und Nutzerbindung. Als Kennzahl des laufenden Betriebs bildet der NOI sowohl Einsparungen auf der Kostenseite als auch Ertragssteigerungen durch Vermietungserfolg direkt ab.

Maßnahmen wie energetische Optimierung, nachhaltige Ausstattung oder soziale Standards beeinflussen laut den Interviews nachweislich Leerstand, Nebenkostenstruktur und Mieterträge.

Die hohe ESG-Sensitivität des NOI erklärt sich aus seiner Nähe zum operativen Gebäudebetrieb und der dort spürbaren ESG-Nachfrage. Gleichzeitig zeigen sich strukturelle Begrenzungen. Nicht alle Maßnahmen lassen sich direkt monetarisieren, und nicht alle Nutzergruppen reagieren preissensibel auf ESG. Dennoch können ESG-relevante Betriebseffekte im NOI sehr gut reflektiert werden.

4.2.4 Leerstandsquote

Die Leerstandsquote zeigt sich im ESG-Kontext als besonders beeinflussbar durch nutzungsrelevante Maßnahmen im Bereich Energieeffizienz, Aufenthaltsqualität oder sozialer Standards. Insbesondere in Märkten mit ESG-affinen Mietern oder regulatorischen Anforderungen kann Nachhaltigkeit zu einem entscheidenden Kriterium bei der Flächenwahl werden. Dies führt zu einer erhöhten Drittverwendungsfähigkeit und damit zu einer potenziellen Reduktion von Leerständen.

Empirisch lässt sich jedoch feststellen, dass diese Wirkung stark von der Objektart, der Lage und der Nutzergruppe abhängig ist. Während im gewerblichen Segment mit ESG-Vorgaben die Wirkung klarer hervortritt, bleibt sie im Wohnbereich oft geringer. Auch infrastrukturelle oder marktzyklische Effekte überlagern die ESG-Wirkung auf die Leerstandsquote teils erheblich. Nachhaltige Maßnahmen sind daher eher als Risikopuffer gegen Leerstand, nicht als dessen alleinige Ursache oder Vermeidung einzuordnen.

Insgesamt zeigt sich die Leerstandsquote als indirekter, aber sensibler Indikator für ESG-Wirkung. Zwar sind kausale Zusammenhänge schwer isolierbar, doch in der Praxis gilt: Fehlende ESG-Konformität erhöht das Leerstandsrisiko. ESG-Maßnahmen wirken daher präventiv stabilisierend, ohne die Quote immer zwangsläufig deutlich zu senken.

4.2.5 Loan-to-Value

Als Verhältniskennzahl zwischen Fremdkapital und Immobilienwert ist der LTV zentral für die Risikosteuerung von Finanzierungen und damit potenziell ein ESG-Relevanzträger. Dennoch zeigt sich in der Praxis, dass ESG-Maßnahmen bislang nur begrenzt steuernd auf die LTV-Kalkulation wirken. Dies liegt weniger an mangelnder inhaltlicher Bedeutung als an methodischen Grenzen der Wertableitung.

Da ESG-Maßnahmen meist nicht in klar bezifferbare Mehrwerte übersetzt werden, fehlt es an systematisierten Verfahren, um sie in den Beleihungswert oder in Covenants zu integrieren. Der LTV folgt primär der Wertermittlung und dort dominiert weiterhin die Orientierung an Lage, Mieterträgen und Marktdaten. Nachhaltigkeitsqualitäten wirken daher nur mittelbar über bessere Vermietbarkeit oder stabilere Cashflows. Eine direkte Anhebung der Beleihungsgrenze erfolgt in der Regel nicht.

Zwar erkennen immer mehr Kreditgeber ESG als strategisches Kreditkriterium an, doch bleibt dies bislang kontextabhängig, individuell verhandelt und oft auf institutionelle Finanzierungsprodukte beschränkt (z. B. Green Loans). Für die Mehrheit der Objekte fehlt eine systematisch operationalisierte ESG-Wirkung im LTV.

Daher ist ESG im Kontext der LTV-Kennzahl derzeit weniger ein kapitalwertrelevanter Hebel als ein Vertrauenssignal mit wachsendem Einfluss, aber schwacher quantitativer Durchschlagskraft. Die Bewertung als schwach positiver Einfluss reflektiert die Zwischenstellung, dass ESG zwar die Fremdkapitalfähigkeit stärken kann, gleichzeitig aber ökonomisch untergewichtet bleibt.

4.2.6 Verkehrswert

Der Verkehrswert ist als zentraler Orientierungspunkt für Marktwert, Finanzierung und Transaktionserfolg von erheblicher Bedeutung für ESG-bezogene Investitionsentscheidungen. Gleichzeitig offenbart sich in der Bewertungspraxis ein deutliches Spannungsverhältnis. Zwar erkennen Marktteilnehmer zunehmend wertrelevante Vorteile nachhaltiger Gebäude, doch deren systematische Berücksichtigung in Bewertungsverfahren ist bislang lückenhaft.

Ein zentrales Problem liegt in der Bewertungsmethodik selbst. Standardisierte Verfahren (wie Ertrags- oder Vergleichswertverfahren) bilden ESG-Maßnahmen meist nur dann ab, wenn diese unmittelbar mietwirksam, kostensenkend oder zertifiziert sind. Aspekte wie Nutzerkomfort, Resilienz, Materialqualität oder Governance-Prozesse werden in der Regel nicht explizit bewertbar, obwohl sie für die Marktgängigkeit und Risikoreduktion relevant sind. Der Verkehrswert reagiert daher verzögert und selektiv auf ESG-Merkmale, was zu einer systematischen Unterschätzung der Auswirkungen von ESG-Maßnahmen auf den Wert einer Immobilie führen kann.

Gleichzeitig lassen sich positive Trends erkennen. ESG-Ratings, Zertifikate und institutionelle Anforderungen werden zunehmend in die Wertermittlung einbezogen, besonders bei institutionellen Transaktionen. Auch Gutachter erkennen allmählich, dass ESG-konforme Immobilien geringeren Kapitalisierungsrisiken, höherer Drittverwendbarkeit und langfristig stabileren Erträgen unterliegen. Die ESG-Wirkung auf den Verkehrswert ist daher zwar noch nicht systematisiert, aber zunehmend antizipiert – und gewinnt vor dem Hintergrund regulatorischer Entwicklungen (z. B. EU-Taxonomie) weiter an Gewicht.

In Summe zeigt sich der Verkehrswert als ESG-sensible Kennzahl. Aktuell fehlt jedoch die konsequente Integration von ESG in die Bewertungslogik.

4.3 Finalisierung des konzeptionellen Modells

Auf Basis der qualitativen Inhaltsanalyse der Experteninterviews und der theoriebasierten Strukturierung aus Abschnitt 2.5 wurde das konzeptionelle Modell im Verlauf der Abschnitt 3.3 bis 4.2 schrittweise empirisch befüllt.

Das Modell übersetzt die empirisch gewonnenen Einschätzungen dieser Arbeit in ein vergleichbares Raster und macht dabei sichtbar, welche ESG-Maßnahmen auf welche Kennzahlen in welcher Stärke wirken. Die Bewertungen sind nicht als numerische Scores zu verstehen, sondern stellen verdichtete Einschätzungen auf Basis qualitativer Evidenz dar. Grundlage waren dabei insbesondere:

- Die Häufigkeit bestimmter Aussagen,
- ihre argumentative Konsistenz,
- ihre betriebswirtschaftliche Plausibilität sowie
- ihre Anschlussfähigkeit an bestehende Steuerungs- und Bewertungssysteme.

Das final befüllte Modell (Abbildung 4.1) zeigt eine differenzierte Wirkungsmatrix, die ESG-Maßnahmenblöcke entlang der drei übergeordneten KPI-Gruppen bewertet:

Finanzkennzahlen / ESG-Maßnahmen	Investition (NPV; IRR)	Betrieb (NOI; LQ*)	Bewertung; Finanzierung (VW**; LTV)
6. Klimaschutz und Energie	+	++	++
7. Ressourcen und Material	o	+	o
8. Fläche und Biodiversität	o	+	o
9. Soziale Nachhaltigkeit	+	+	+
10. Governance und technische Qualität	+	+	+

Abbildung 4.1 Final befülltes Modell. (Quelle: vgl. Abschnitt 4.1 und 4.2)(* = *Leerstandsquote,* ** = *Verkehrswert*)

Symbol	Bedeutung	Farbcode
+ +	Starker positiver Einfluss	
+	Schwacher positiver Einfluss	
o	Kein Einfluss	
-	Schwacher negativer Einfluss	
- -	Starker negativer Einfluss	

Abbildung 4.2 Legende für die Befüllung des konzeptionellen Modells. (Quelle: Eigene Darstellung)

Die finale Bewertung im Modell verdeutlicht, dass ESG-Maßnahmen keine einheitliche ökonomische Wirkung entfalten, sondern kontextabhängig, kennzahlspezifisch und unterschiedlich stark ausgeprägt sind. Während einige Maßnahmen in bestimmten Bereichen deutlich positive Effekte zeigen, bleiben andere wirtschaftlich schwer erfassbar oder entfalten nur indirekte Wirkung.

- „Klimaschutz und Energie" weist die konsistenteste und stärkste Wirkung über alle drei KPI-Gruppen auf. Die Maßnahmen führen zu Betriebskostensenkungen, erhöhter Mieterbindung, besserer Finanzierbarkeit und steigern in vielen Fällen auch den Investitionswert.
- „Ressourcen und Material" sowie „Fläche und Biodiversität" zeigen zwar punktuell positive Rückmeldungen, insbesondere im Betrieb oder in ESG-Ratings, werden in der Praxis jedoch oft nicht ausreichend bewertet oder kapitalisiert.
- „Soziale Nachhaltigkeit" entfaltet insbesondere im Betrieb und im Investitionsbereich Wirkung über Nutzerbindung, Risikoreduktion und langfristige Cashflowstabilisierung. Ihre wirtschaftliche Relevanz wird zunehmend erkannt, bleibt aber schwer messbar.
- „Governance und technische Qualität" wirken strukturell stabilisierend, vor allem über transparente Prozesse, ESG-Risikoanalysen und bessere Fremdkapitalwahrnehmung und zeigen somit in allen Bereichen eine schwach positive Wirkung.

4.4 Rückbezug zur Theorie

Die in dieser Arbeit gewonnenen empirischen Erkenntnisse bestätigen zentrale Annahmen der ESG-Forschung, erweitern diese jedoch um praxisrelevante Differenzierungen und Wirkungseinordnungen. Im Folgenden wird ein Rückbezug zu den in Abschnitt 2.5 dargestellten Forschungsergebnissen der Literaturrecherche hergestellt.

Ein zentraler Befund ist die selektive und kontextabhängige Wirksamkeit von ESG-Maßnahmen, wie sie in zahlreichen Studien betont wird (vgl. Fuerst/Dalton 2019; Chacon et al. 2024; Morri et al. 2024; Devine/Yönder 2021).

Insgesamt bestätigt sich, dass verschiedene ESG-Maßnahmen, insbesondere aus den Bereichen „Klimaschutz und Energie", „Governance" sowie ausgewählten sozialen Aspekten in unterschiedlichen KPI-Gruppen wertsteigernde Effekte entfalten können, was die zentrale Annahme aus Cluster A (ESG als wertsteigerndes Managementinstrument), etwa in Bezug auf Mietprämien, verbesserte Bewertungskennzahlen oder Zinsvorteile bei der Finanzierung bestätigt (vgl. Groh et al. 2022; Khazal/Sønstebø 2020; Leutner et al. 2024; Robinson et al. 2020; Ghosh/Petrova 2023). Eine besonders positive Gewichtung zeigt sich bei Maßnahmen zu „Klimaschutz und Energie", was durch deren hohe Gewichtung in Zertifizierungssystemen zusätzlich unterstrichen wird (vgl. Abschnitt 2.3).

Zugleich bestätigen die Ergebnisse die theoretisch hergeleitete Relevanz von Governance-Strukturen als stabilisierenden Faktor der ökonomischen Performance. Auch wenn monetäre Effekte schwer isolierbar bleiben, zeigen sich in Übereinstimmung mit Velte (2017), Kim und Li (2021), Aydoğmuş et al. (2022) und Morri et al. (2024) konsistent positive Wirkungen auf Transparenz, Risikowahrnehmung und Investitionssicherheit. Dies erweitert die bisherigen Annahmen aus Cluster B (ESG als Risikomanagementansatz) um eine stärkere betriebswirtschaftliche Einordnung. Die identifizierten Zusammenhänge stützen zudem zentrale Aussagen der Stakeholder-Theorie sowie der Legitimitätstheorie, auch auf Objektebene (vgl. Whelan et al. 2021).

Darüber hinaus bringt die vorliegende Arbeit neue Perspektiven in die ESG-Diskussion ein, indem sie eine maßnahmenspezifische Betrachtung auf Objektebene vornimmt. Während viele Studien aggregierte ESG-Scores nutzen, differenziert das entwickelte Modell zwischen einzelnen ESG-Kriterien mithilfe von spezifischen Maßnahmenblöcken und analysiert deren spezifische Wirkmechanismen auf Investition, Betrieb sowie Bewertung und Finanzierung. Diese Differenzierung unterstützt die Annahme in Cluster C (Differenzierte Effekte der ESG-Dimensionen), dass einzelne ESG-Dimensionen unterschiedliche Wirkstärken entfalten. Die Arbeit konkretisiert diese These durch eine systematische

Aufschlüsselung auf Maßnahmenebene und leistet damit einen Beitrag zur Operationalisierung theoretischer Annahmen in der immobilienwirtschaftlichen Steuerungspraxis.

Ein weiterer Mehrwert liegt in der empirischen Validierung von zeitverzögerten Wirkungen, wie sie in der Literatur diskutiert, jedoch selten explizit analysiert werden (vgl. Chacon et al. 2024; Morri et al. 2024). So zeigen verschiedene Maßnahmen häufig kurzfristig negative Effekte auf IRR und NPV, infolge hoher Anfangsinvestitionskosten, werden aber langfristig als stabilisierend für Mietbindung, Exitfähigkeit und ESG-Rating wahrgenommen. Dies unterstützt Cluster D (Uneinheitliche oder negative ESG-Effekte), vor allem hinsichtlich Investitionskosten oder Bewertungsunsicherheiten von ESG-Maßnahmen mit längerem Wirkungspfad (vgl. Aydogmus 2021; Chacon et al. 2024; Morri et al. 2024).

Die Arbeit unterstützt die Schließung identifizierter Forschungslücken in folgenden Punkten:

- eine differenzierte Analyse nach ESG-Kriterien und Maßnahmenblöcken,
- die Einbeziehung objektbezogener Perspektiven im deutschen Markt,
- sowie die vergleichende Betrachtung über mehrere Assetklassen hinweg, auch wenn die Repräsentation einzelner Assetklassen begrenzt bleibt.

Die entwickelte Wirkungsmatrix erlaubt eine modellhafte Einordnung der ESG-Finanzbeziehungen entlang praxisnaher ESG-Maßnahmen. Damit entsteht ein konzeptioneller Brückenschlag zwischen ESG-Theorie und finanzökonomischer Immobiliensteuerung, der sowohl zur Theorieentwicklung als auch zur Entscheidungsfindung beiträgt.

Insgesamt leistet die vorliegende Arbeit einen Beitrag zur Kontextualisierung und Präzisierung bestehender ESG-Forschung. Sie zeigt, dass ESG-Maßnahmen nicht als homogene Intervention mit pauschal positiver Wirkung zu verstehen sind, sondern abhängig von Maßnahmentyp, Zeithorizont und Steuerungsebene differenziert zu bewerten sind. Eine Einsicht, die sowohl theoretisch anschlussfähig als auch für Investitions- und Bewertungsprozesse in der Immobilienpraxis hochrelevant ist.

4.5 Implikationen für die Praxis

Die Ergebnisse der vorliegenden Arbeit liefern eine Vielzahl an praxisrelevanten Hinweisen für Marktteilnehmer, die ESG nicht nur als regulatorischer Pflicht, sondern als strategisches Steuerungsinstrument verstehen. Im Fokus steht dabei die Frage, welche der untersuchten ESG-Maßnahmen in besonderem Maße dazu beitragen, die ökonomische Performance zu steigern.

ESG ist nicht gleich ESG: Die Wirkung differenziert sich nach Maßnahmen

Ein zentrales Ergebnis des Modells ist die unterschiedliche Wirkung der einzelnen ESG-Maßnahmenblöcke auf finanzielle Steuerungsgrößen. Während energiebezogene Maßnahmen (z. B. Gebäudehülle, PV-Anlagen, Energieeffizienztechnologien) eine hohe ökonomische Sichtbarkeit und Konsistenz über alle Kennzahlenbereiche hinweg zeigen, bleibt die Wirkung anderer Maßnahmen stärker kontextabhängig, schwerer quantifizierbar und weniger ökonomisch abbildbar.

Daraus folgt für die Praxis:

Eine strategische ESG-Implementierung sollte die Wirkung einzelner Maßnahmen differenziert betrachten und nicht ausschließlich auf aggregierte Scores oder Checklisten vertrauen. Gerade bei Maßnahmen mit geringer direkter Wirkhaftlichkeit, aber hohem Nachhaltigkeitspotenzial, ist eine bewusste Zieldefinition erforderlich.

Investitionsplanung: Zwischen Wirkung, Kapitalisierbarkeit und Zeitkomponente

Maßnahmen mit hoher Wirkung auf Investitionskennzahlen sind typischerweise solche, die eine Kombination aus Kalkulationssicherheit, planbarer Amortisation und Marktwertrelevanz bieten. Hierzu zählen neben energetischen Maßnahmen auch Governance-Elemente wie Due-Diligence-Strukturen und ESG-Risikomanagement. Maßnahmen mit unsicherer Kapitalisierbarkeit beispielsweise in den Bereichen Ressourceneffizienz oder Soziales sollten gezielt dort eingesetzt werden, wo sie langfristige strategische Ziele wie Mieterbindung, Genehmigungsfähigkeit oder ESG-konforme Exitfähigkeit unterstützen.

Daraus folgt für die Praxis:

Investoren und Entwickler sollten ESG-Maßnahmen frühzeitig in ihre CapEx-Planung integrieren, inklusive der Abschätzung indirekter Effekte wie verkürzter

Vermarktungsphasen oder geringerer Reputationsrisiken. Eine priorisierte Umsetzung solcher Maßnahmen unterstützt nicht nur die Erreichung von Nachhaltigkeitszielen, sondern erhöht die Planbarkeit von Projektentwicklungen und Bestandsstrategien.

Betriebsführung: ESG-Wirkung auf den NOI als Steuerungskanal nutzen

Auf Betriebsebene zeigen sich ESG-Maßnahmen als besonders wirksam, insbesondere dann, wenn sie zu einer Senkung laufender Kosten, einer Erhöhung der Nutzerbindung oder einer Verbesserung der Flächennachfrage führen. Energetische und soziale Maßnahmen (z. B. Raumluftqualität, Aufenthaltsqualität) sind hier zentrale Hebel. Die Wirkung ist oft nicht sofort kapitalisierbar, aber in der langfristigen Ertragsstabilisierung spürbar.

Daraus folgt für die Praxis:

Asset Manager und Betreiber sollten gezielt auf Maßnahmen setzen, die den operativen Cashflow stabilisieren und Leerstandsrisiken mindern. Dazu zählt insbesondere die Kombination aus Energieeffizienz und sozialen Standards in ESG-affinen Marktsegmenten.

Bewertung und Finanzierung: ESG-Wirkung kommunizierbar machen

Trotz wachsender ESG-Sensibilität auf Seiten von Banken und Investoren zeigt das Modell, dass die Durchschlagskraft vieler ESG-Maßnahmen auf Verkehrswerte und Finanzierungsbedingungen aktuell noch begrenzt ist. Vor allem dort, wo die Wirkung noch nicht standardisiert erfassbar ist. Hier liegt ein praxisrelevanter Handlungsschwerpunkt, der auch von Fremdkapitalgebern und Gutachtern anzugehen ist. ESG-Maßnahmen müssen nachvollziehbar dokumentiert, begründet und strategisch in Ratingsysteme integriert werden. Außerdem bedarf es eine Anpassung der Immobilienbewertungsmethoden.

Daraus folgt für die Praxis:

ESG-Verantwortliche sollten aktiv auf eine ESG-konforme Datenstruktur, Nachweisdokumentation und Kommunikation hinarbeiten. Dies schafft Vertrauen bei Kapitalgebern und verbessert den Zugang zum Kapitalmarkt sowie die Anschlussfähigkeit für Green Bonds, ESG-Ratings und künftige Bewertungssystematiken.

Ganzheitliche Steuerung: ESG-Maßnahmen priorisieren und Synergien nutzen

Die Analyse zeigt, dass ESG-Maßnahmen nicht nur selektiv, sondern in ihrer Kombination wirksam sind. Zum Beispiel, wenn Governance-Strukturen soziale und energetische Maßnahmen flankieren oder Biodiversitätsmaßnahmen und soziale Aspekte Synergieeffekte erreichen. Einzeln betrachtet mögen manche Maßnahmen wirtschaftlich schwach wirken, im Zusammenspiel erhöhen sie jedoch die ESG-Kohärenz, die institutionelle Anschlussfähigkeit und gegebenenfalls sogar den Marktwert einer Immobilie.

Daraus folgt für die Praxis:

ESG-Maßnahmen sollten stets im Zusammenspiel geplant werden und so priorisiert werden, dass sie möglichst auf Nachhaltigkeit und die ökonomische Performance einzahlen. Insbesondere Governance, Energie und soziale Mindeststandards bieten hier einen strategischen Ausgangspunkt, der sich gut vereinen lässt.

Zukunftssicher: ESG als strategische Vorbereitung auf Markt- und Regulierungswandel

Die ESG-Anforderungen der Zukunft werden nicht geringer, ganz im Gegenteil. Marktstandards, Berichtspflichten, Investorenanforderungen und regulatorische Vorgaben entwickeln sich dynamisch weiter. Viele der heute optionalen ESG-Maßnahmen dürften in absehbarer Zeit zu Mindeststandards werden mit direkten Auswirkungen auf Zugang zu Kapital, Vermarktungschancen und Werthaltigkeit.

Zugleich ist der politische Druck zur Erreichung nationaler und europäischer Klimaziele hoch. Die angestrebte Klimaneutralität bis spätestens 2045 (für Deutschland) bzw. 2050 (für die EU) erfordert erhebliche Transformationsanstrengungen, auch im Gebäudesektor. Maßnahmen zur Emissionsvermeidung, Energieeffizienz oder CO_2-Bilanzierung sind daher nicht mehr nur strategisch sinnvoll, sondern werden zunehmend regulatorisch verpflichtend.

ESG-Maßnahmen, die heute als Investitionsentscheidung abgewogen werden, können künftig über Marktfähigkeit und Anschlussfähigkeit der Immobilie entscheiden. Auch für Bestandshalter steigt der Druck, ESG-relevante Daten zu erfassen, Prozesse zu implementieren und Maßnahmen glaubwürdig zu kommunizieren. Wer diese Strukturen frühzeitig aufbaut, sichert sich nicht nur regulatorische Resilienz, sondern auch die langfristige Position im Wettbewerb.

Daraus folgt für die Praxis:

Marktakteure sollten ESG nicht als Zusatzthema behandeln, sondern als integralen Bestandteil strategischer Immobiliensteuerung verstehen. Es geht nicht nur um aktuelle Renditeeffekte, sondern um die Zukunftsfähigkeit von Assets und Organisationen und um die rechtzeitige Ausrichtung auf ein regulatorisches Umfeld, das Klimaneutralität künftig nicht mehr nur anstrebt, sondern überprüfbar einfordern wird.

Fazit

5

In diesem Kapitel werden die zentralen Erkenntnisse der vorliegenden Arbeit zusammengefasst und die methodische Reichweite der Untersuchung kritisch bewertet. Abschließend erfolgt ein Ausblick auf zukünftige Forschungsbedarfe und zu erwartende Entwicklungen.

5.1 Zusammenfassung

Vor dem Hintergrund der Forschungsfrage „Inwiefern beeinflussen ESG-Maßnahmen bei Immobilien deren wirtschaftliche Performance, gemessen an wesentlichen finanziellen Kennzahlen?“, lassen sich zur Beantwortung folgende zentrale Erkenntnisse aus der vorangegangenen Analyse ableiten:

Die wirtschaftliche Wirkung von ESG ist stark vom Maßnahmenbereich abhängig.

Maßnahmen im Bereich „Klimaschutz und Energie“ entfalten die deutlichsten positiven Wirkungen auf ökonomische Zielgrößen. Die Maßnahmenbereiche „Soziale Nachhaltigkeit“ sowie „Governance und technische Qualität“ zeigen ebenfalls eine konsistente Wirkung auf ökonomische Zielgrößen, wenn auch nur schwach positiv, insbesondere aufgrund schwer quantifizierbarer Effekte und eines eher mittelbaren Wirkzusammenhangs. Im Gegensatz dazu weisen die Maßnahmenblöcke „Ressourcen und Material“ sowie „Fläche und Biodiversität“ ein uneinheitlicheres Wirkungsprofil auf, mit nur selektiven Effekten in Teilbereichen.

N. Z. Sachs, *Modellierung des Zusammenhangs von ESG-Kriterien und ausgewählten Finanzkennzahlen*, BestMasters,
https://doi.org/10.1007/978-3-658-51686-4_5

Die Analyse macht deutlich, dass eine pauschale Bewertung von ESG-Maßnahmen als wertsteigernd zu kurz greift, da die Wirkung stark maßnahmen- und kontextabhängig ist.

Der Einfluss von ESG-Maßnahmen variiert hinsichtlich der Kennzahlengruppen.

Die Analyse zeigt, dass ESG-Maßnahmen am einheitlichsten auf betriebswirtschaftliche Finanzkennzahlen wie den NOI oder die Leerstandsquote wirken. Insbesondere energetische, soziale- sowie governancebezogene Maßnahmen führen laut Auswertung der Experteneinschätzung zu stabileren Mieterträgen, geringerer Fluktuation und niedrigeren operativen Kosten mit unmittelbar positiven Effekten auf den Cashflow. Demgegenüber zeigen sich bei Investitionskennzahlen sowie hinsichtlich der Bewertung und Finanzierung ambivalentere Wirkzusammenhänge. Erhöhte Anfangsinvestitionskosten infolge von durchgeführten ESG-Maßnahmen belasten IRR und NPV häufig zumindest kurzfristig und der Amortisationszeitpunkt ist schwer kalkulierbar. Bei Bewertung und Finanzierung ist die Ambivalenz auf eine mangelnde (explizite) Berücksichtigung in Wertgutachten und Finanzierungskonditionen zurückzuführen.

ESG-Maßnahmen beeinflussen die wirtschaftliche Performance von Immobilien vor allem dann, wenn ihre Wirkung quantifizierbar ist.

Die Untersuchung zeigt, dass ESG-Maßnahmen mit klarer Datenbasis einen stärkeren positiven Einfluss auf wesentliche finanzielle Kennzahlen haben. Das ist auf eine einfachere Nachvollziehbarkeit und Kommunizierbarkeit der tatsächlichen Effekte zurückzuführen. Demgegenüber entfalten qualitativ geprägte Maßnahmen eher eingeschränkte finanzielle Wirkung. Entsprechend beeinflussen ESG-Maßnahmen die wirtschaftliche Performance in Abhängigkeit von der Messbarkeit ihrer Wirkung.

Governance-Strukturen fördern die wirtschaftliche Wirksamkeit von ESG.

Im Rahmen der Analyse wurde deutlich, dass Governance die wirtschaftliche Performance nicht vorrangig durch direkte Kennzahlenveränderungen beeinflusst, sondern durch die institutionelle Ermöglichung und steuerbare Verankerung von ESG im Immobilienkontext. Eine professionelle Governance erhöht die Integration von ESG-Kriterien in finanzwirksame Entscheidungsprozesse. Governance verbessert finanzielle Kennzahlen seltener unmittelbar, ist aber das Fundament für die wirtschaftliche Performance von Immobilien sowie von ESG-bezogenen Maßnahmen.

Die Wirkung von ESG-Maßnahmen ist assetklassenspezifisch zu betrachten.

Die Ergebnisse der Studie zeigen, dass die ökonomische Wirkung von ESG-Maßnahmen in Bezug auf die verschiedenen Assetklassen variiert. Eine Bewertung der Wirksamkeit von ESG-Kriterien über alle Assetklassen hinweg ist daher nicht pauschal möglich. Das unterstreicht die signifikante Bedeutung einer differenzierten ESG-Strategie, die an die spezifische Nutzung angepasst ist.

Der Umsetzungsstand sowie der Grad der Implementierung von ESG, weisen zwischen den verschiedenen Assetklasse deutliche Unterschiede auf. Während bei Büroimmobilien ein gutes ESG-Profil bereits maßgeblich für die Marktfähigkeit ist, ist das Thema ESG bei Handels-, Sonder-, Logistik- und Produktionsimmobilien noch deutlich weniger ausgeprägt.

Das entwickelte Modell eignet sich zur differenzierten Bewertung der ESG-Wirkungen.

Unter anderem zur Beantwortung der Forschungsfrage wurde das konzeptionelle Wirkungsmodell (vgl. Abschnitt 4.3) entwickelt, das ESG-Maßnahmen nach Themenblöcken (E, S und G) und deren Einfluss auf zentrale finanzielle Kennzahlen einordnet. Die Analyse zeigt, dass eine solche Matrixstruktur dabei hilft, die wirtschaftliche Relevanz einzelner ESG-Maßnahmen differenziert zu erfassen, Wirkzusammenhänge systematisch zu reflektieren und Investitionsentscheidungen im ESG-Bereich fundiert zu begründen, auch wenn nicht alle Effekte unmittelbar quantifizierbar sind. Das Modell bietet eine praxisnahe Grundlage, um ESG-Maßnahmen hinsichtlich ihrer differenzierten ökonomischen Wirkung zu priorisieren und strategisch einzuordnen und trägt damit wesentlich zur Beantwortung der Forschungsfrage bei.

5.2 Kritische Würdigung

Die vorliegende Arbeit verfolgte ein qualitatives, exploratives Forschungsdesign. Ziel war es, auf Grundlage der Experteninterviews ein fundiertes Verständnis dafür zu entwickeln, inwiefern ESG-Kriterien die wirtschaftliche Performance von Immobilien beeinflussen. Die gewählte Methodik sowie das entwickelte Modell erwiesen sich als geeignet, dieses Ziel zu erreichen (vgl. Abschnitt 5.1). Dennoch soll im Folgenden eine reflektierte Einordnung der Aussagekraft und Reichweite der Ergebnisse vorgenommen werden.

Das konzeptionelle Modell stellt eine theoretisch fundierte aber vereinfachende Strukturierung qualitativer Einschätzungen dar. Es dient der systematischen Darstellung von Tendenzen und Wirkungsrichtungen. Die vorgenommenen Bewertungen sind dabei nicht als numerische Scores zu verstehen sondern als qualitative Bewertungsurteile, die eine Orientierung bieten, nicht jedoch präzise Kennzahlen ersetzen sollen. Eine quantitative Belastbarkeit ist damit ausdrücklich nicht verbunden. Vielmehr stellt das Modell eine praxisnahe Entscheidungshilfe dar, die zur Einordnung und Priorisierung von ESG-Maßnahmen im immobilienwirtschaftlichen Kontext beitragen kann.

Die Analyse zeigt zudem, dass sich die Aussagekraft der Ergebnisse nicht gleichmäßig über alle untersuchten Wirkzusammenhänge verteilt. In einigen Bereichen, insbesondere im Themenkomplex „Klimaschutz und Energie" lag eine hohe inhaltliche Dichte und Konsistenz der Aussagen vor. Andere Bereiche, wie Biodiversität oder Materialeffizienz, wurden hingegen weniger ausführlich und teilweise deutlich uneinheitlicher diskutiert. Zudem äußerten sich nicht alle Interviewpartner zu jedem Maßnahmenblock und zu allen Finanzkennzahlen in gleichem Umfang. Diese inhaltlichen Unterschiede spiegeln sich in der Modellbewertung wider und wurden in den Diskussionsteilen entsprechend berücksichtigt.

Ein weiterer Aspekt betrifft die uneinheitliche Messbarkeit der ESG-Wirkungen. Viele Maßnahmen, insbesondere im Bereich Soziales oder Governance, wirken mittelbar und langfristig. Ihre ökonomische Relevanz zeigt sich primär in qualitativen Faktoren wie der Reduktion von Reputations- oder Ausfallrisiken oder dem Aufbau institutionellen Vertrauens. Solche Effekte bleiben in klassischen finanziellen Kennzahlen oft unsichtbar. Dennoch konnten sie im Rahmen dieser qualitativen Analyse als wirtschaftlich relevant identifiziert und kontextualisiert werden.

Die Zusammensetzung der Stichprobe (vgl. Abschnitt 3.2) beeinflusst ebenfalls die Ergebnislage. Zwar wurde mit zehn Experten aus verschiedenen Bereichen der Immobilienwirtschaft eine hohe inhaltliche Bandbreite erreicht, jedoch konnten bestimmte Gruppen, etwa Behörden, Forschungseinrichtungen und rein technische Akteure nicht oder nicht umfangreich eingebunden werden. Die Rückmeldungen zeigen, dass in diesen Bereichen entweder keine methodische Zuständigkeit oder kein Bezug zur finanziellen Bewertung von ESG-Maßnahmen besteht. Dieser Umstand begrenzt die Perspektivenvielfalt und die gewonnenen Erkenntnisse sind eher kapitalmarktorientiert geprägt. Gleichzeitig bestätigt dies die Relevanz des gewählten Ansatzes. Die Verbindung von ESG-Maßnahmen und finanziellen Kennzahlen wird bislang primär im kapitalmarktorientierten Teil der Branche reflektiert und genau hier setzte die vorliegende Arbeit an.

Insgesamt war die methodische Vorgehensweise geeignet, die Forschungsfrage differenziert zu beantworten. Die qualitative Tiefe der Interviews, die theoretische Fundierung des Modells sowie die systematische Auswertung bildeten eine tragfähige Grundlage für die Bewertung von ESG-Maßnahmen aus ökonomischer Sicht. Gleichzeitig ist ein bewusster und kontextsensibler Umgang mit den modellierten Wirkzusammenhängen erforderlich. Die Arbeit leistet einen Beitrag zur Einordnung und Reflexion der ESG-Wirkung auf Immobilien, ohne dabei eine Generalisierbarkeit im statistischen Sinne zu beanspruchen.

5.3 Ausblick

Die vorliegende Arbeit hat gezeigt, dass ESG-Kriterien und -Maßnahmen in der Immobilienwirtschaft bereits heute ökonomisch wirksam sein können. Ausgangspunkt ist jedoch selten ein intrinsischer Antrieb, sondern primär externe Anreize und Anforderungen. Insbesondere regulatorische Vorgaben sowie daraus abgeleitete Investorenanforderungen an ESG-Qualität sind die zentralen Treiber der ESG-Integration. Die Wirkung der ESG-Maßnahmen ist dabei weniger moralischer als betriebswirtschaftlicher Natur. Wer die Erfüllung von ESG-Kriterien nicht nachweisen kann, riskiert Kapitalnachteile, Reputationsrisiken oder Marktzugangsbeschränkungen. ESG wird zunehmend relevanter für den ökonomischen Erfolg und kann richtig eingesetzt ein klarer Wettbewerbsvorteil sein.

Aktuell besteht eine der wesentlichen Herausforderungen der Branche darin, ESG-Maßnahmen nicht nur umzusetzen, sondern deren Wirkung datenbasiert zu belegen. Die Interviews machen deutlich, dass die Erfassung belastbarer Daten über alle ESG-Dimensionen hinweg eine der größten Hürden in der Praxis darstellt. Viele ESG-Maßnahmen entziehen sich weiterhin einer klaren Quantifizierung.

Solange ESG-Wirkungen auf Objekt- und Projektebene nicht systematisch gemessen und ökonomisch dargestellt werden können, bleibt ESG ein weicher Faktor mit begrenztem Einfluss auf klassische Kennzahlenmodelle. Die Weiterentwicklung einheitlicher Indikatoren und systematischer Erfassungsstrukturen ist daher weiterhin ein entscheidender Faktor für die Wirksamkeit zukünftiger ESG-Strategien.

Gleichzeitig zeigt sich, dass die Integration von ESG-Kriterien kein vorübergehender Trend ist, sondern ein struktureller Wandel im Verständnis von Werthaltigkeit und Investitionssicherheit. Politische Zielsetzungen, insbesondere die Erreichung der Klimaneutralität, die Zunahme von Offenlegungspflichten sowie der Anstieg nachhaltigkeitsgebundener Finanzierungsmodelle machen

ESG zunehmend zum wichtigen Bestandteil ökonomischer Entscheidungslogiken. Immobilien, die diesen Anforderungen nicht genügen laufen Gefahr, in ihrer Kapitalisierbarkeit, Finanzierbarkeit oder Marktliquidität eingeschränkt zu werden.

Die Weiterentwicklung des erarbeiteten Modells könnte dabei helfen, diese Entwicklung zu begleiten. Es bietet eine erste Matrixstruktur zur Einordnung wirtschaftlicher Wirkungen von ESG-Maßnahmen mit Raum für differenzierte Validierung, quantitative Ergänzung und institutionelle Weiterverwendung. Gleichzeitig macht die Untersuchung deutlich, dass die Verknüpfung von ESG und finanzieller Performance noch lange kein abgeschlossenes Forschungsthema ist. Vielmehr markiert sie ein neues Feld an der Schnittstelle zwischen Nachhaltigkeit, technischen Möglichkeiten und der wirtschaftlichen Performance, das künftig deutlich mehr wissenschaftliche und praktische Aufmerksamkeit erfahren dürfte und sollte.

Eine tiefgreifende ESG-Transformation der Immobilienwirtschaft wird aus Sicht der Autorin erst dann gelingen, wenn die ökonomischen Effekte nachhaltiger Maßnahmen nicht nur vermutet, sondern tatsächlich numerisch belegbar, vergleichbar und somit besser kommunizierbar sind. Erst dann kann ESG über regulatorischen Zwang hinaus zur strategischen Selbstverständlichkeit werden. Wenn der ESG-Fortschritt überwiegend durch externe regulatorische Vorgaben statt durch intrinsische Anreize und innovationsfreundliche Rahmenbedingungen motiviert wird, besteht die Gefahr, dass unternehmerische Gestaltungskraft und wirtschaftliche Dynamik abnehmen. Diese Voraussetzungen sind jedoch essenziell, um die gesamtgesellschaftlichen und klimapolitischen Herausforderungen unserer Zeit tragfähig, zukunftsorientiert und über Europa hinaus bewältigen zu können. Denn Teil der ESG-Debatte ist auch eine langfristig nachhaltige und gesunde Wirtschaft.

Literaturverzeichnis

Adams, G. (2015): Real Estate Investment Trusts und ihre Auswirkungen auf den Kapitalmarkt. De Gruyter Oldenbourg.

Avdimetaj, V.; Loomans, D.; Zerres, T. (2022): Plädoyer für eine stärkere Berücksichtigung des Datenschutzes in der ESG-Dimension. In: Arbeitspapiere für Marketing und Management (2022), Nr. 67.

Aydoğmuş, M.; Gülay, G.; Ergun, K. (2022): Impact of ESG performance on firm value and profitability. In: Borsa Istanbul Review, 22. (2022), Nr. 2, S. 119–127.

BAFA [Bundesamt für Wirtschaft und Ausfuhrkontrolle] (2025): Merkblatt für das Energieeffizienzgesetz (EnEfG) (https://www.bafa.de/SharedDocs/Downloads/DE/Energie/ea_merkblatt_energieefffizienzgesetz.html). Abgerufen am 15.06.2025.

BaFin [Bundesanstalt für Finanzdienstleistungsaufsicht] (2025): EU-Offenlegungsverordnung (https://www.bafin.de/DE/Aufsicht/SF/OffenlegungsVO/OffenlegungsVO_node.html). Abgerufen am 10.07.2025.

Baugesetzbuch in der Fassung der Bekanntmachung vom 3. November 2017 (BGBl. I S. 3634), das zuletzt durch Artikel 3 des Gesetzes vom 20. Dezember 2023 (BGBl. 2023 I Nr. 394) geändert worden ist.

BEHG [Brennstoffemissionshandelsgesetz] vom 12. Dezember 2019 (BGBl. I S. 2728; 2022 I S. 2098), das zuletzt durch Artikel 2 des Gesetzes vom 27. Februar 2025 (BGBl. 2025 I Nr. 70) geändert worden ist.

BGB [Bürgerliches Gesetzbuch] in der Fassung der Bekanntmachung vom 2. Januar 2002 (BGBl. I S. 42, 2909; 2003 I S.738), das zuletzt durch Artikel 1 des Gesetzes vom 17. Juli 2025 (BGBl. 2025 I Nr. 163) geändert worden ist.

Bienert, S.; Ansari, N.; Cajias, M. (2015): The Value Contribution of Sustainability Reporting – an empirical Evidence for Real Estate Companies. In: ACRN Oxford Journal of Finance and Risk Perspectives, 4. (2015), Nr. 4, S. 190–205.

N. Z. Sachs, *Modellierung des Zusammenhangs von ESG-Kriterien und ausgewählten Finanzkennzahlen*, BestMasters,
https://doi.org/10.1007/978-3-658-51686-4

Bluhm, R. (2025): ESG bleibt relevant – trotz wachsender Kritik (https://www.immobilienmanager.de/esg-bleibt-relevant--trotz-wachsender-kritik-07052025). Abgerufen am 11.07.2025.

BMJ [Bundesministerium der Justiz] (2024): Referentenentwurf des Bundesministeriums der Justiz zur Umsetzung der Richtlinie (EU) 2022/2464 des Europäischen Parlaments und des Rates vom 14. Dezember 2022 zur Änderung der Verordnung (EU) Nr. 537/2014 und der Richtlinien 2004/109/EG, 2006/43/EG und 2013/34/EU hinsichtlich der Nachhaltigkeitsberichterstattung von Unternehmen (https://www.bmjv.de/SharedDocs/Downloads/DE/Gesetzgebung/RefE/RefE_CSRD_UmsG.pdf?__blob=publicationFile&v=3). Abgerufen am 10.07.2025.

BMWK [Bundesministerium für Wirtschaft und Klimaschutz] (2023): Erneuerbares Heizen –Gebäudeenergiegesetz (GEG) – Häufig gestellte Fragen (FAQ) (https://www.bmwk.de/Redaktion/DE/Downloads/F/faq-gebaeudeenergiegesetz-geg.html). Abgerufen am 18.06.2025.

BMZ [Bundesministerium für wirtschaftliche Zusammenarbeit und Entwicklung] (2025): UN-Konferenz für Umwelt und Entwicklung (Rio-Konferenz 1992) (https://www.bmz.de/de/service/lexikon/un-konferenz-fuer-umwelt-und-entwicklung-rio-konferenz-1992-22238). Abgerufen am 20.03.2025.

Bogner, A.; Littig, B.; Menz, W. (2014): Interviews mit Experten: Eine praxisorientierte Einführung. Springer Fachmedien Wiesbaden.

Bohne, F.-M. (2023): Neuland für Logistikimmobilien. In: E-Commerce Magazin (2023), Nr. 2, S. 10–11.

BREEAM [Building Research Establishment Environmental Assessment Methodology] (2025): A guide to how BREEAM works (https://breeam.com/about/how-breeam-works). Abgerufen am 28.03.2025.

Buchter, H. (2024): Schluss mit Nachhaltigkeit (https://www.zeit.de/wirtschaft/geldanlage/2024-01/esg-nachhaltigkeit-investoren-finanzbranche). Abgerufen am 26.02.2025.

Chacon, R. G.; Feng, Z.; Wu, Z. (2024): Does Investing in ESG Pay Off? Evidence from REITs. In: The Journal of Real Estate Finance and Economics (2024).

Claßen, T.; Streubel, G. (2012): Nutzung von Nachhaltigkeitspotenzialen bei Sonderimmobilien. In: Immobilien & Finanzierung (2012), Nr. 03, S. 87–89.

Deutscher Bundestag (1998): Abschlußbericht der Enquete-Kommission „Schutz des Menschen und der Umwelt – Ziele und Rahmenbedingungen einer nachhaltig zukunftsverträglichen Entwicklung (https://dserver.bundestag.de/btd/13/112/1311200.pdf). Abgerufen am 14.03.2025.

Devine, A.; Sanderford, A.; Wang, C. (2022): Sustainability and Private Equity Real Estate Returns. In: The Journal of Real Estate Finance and Economics, 68. (2022), Nr. 2, S. 161–187.

Devine, A.; Yönder, E. (2021): Impact of Environmental Investments on Corporate Financial Performance: Decomposing Valuation and Cash Flow Effects. In: The Journal of Real Estate Finance and Economics, 66. (2021), S. 778–805.

DGNB [Deutsche Gesellschaft für Nachhaltiges Bauen] (2020): Kriterienkatalog Gebäude im Betrieb (https://www.dgnb.de/de/zertifizierung/das-wichtigste-zur-dgnb-zertifizierung/nutzungsprofile). Abgerufen am 27.03.2025.

DGNB [Deutsche Gesellschaft für Nachhaltiges Bauen] (2023): Kriterienkatalog Gebäude Neubau (https://www.dgnb.de/de/zertifizierung/das-wichtigste-zur-dgnb-zertifizierung/nutzungsprofile). Abgerufen am 27.03.2025.

DGNB [Deutsche Gesellschaft für Nachhaltiges Bauen] (2025a): Über die DGNB (https://www.dgnb.de/de/dgnb/ueber-die-dgnb). Abgerufen am 27.03.2025.

DGNB [Deutsche Gesellschaft für Nachhaltiges Bauen] (2025b): Nutzungsprofile des DGNB Systems (https://www.dgnb.de/de/zertifizierung/das-wichtigste-zur-dgnb-zertifizierung/nutzungsprofile). Abgerufen am 27.03.2025.

EEG [Erneuerbare-Energien-Gesetz] vom 21. Juli 2014 (BGBl. I S. 1066), das zuletzt durch Artikel 1 des Gesetzes vom 21. Februar 2025 (BGBl. 2025 I Nr. 52) geändert worden ist.

EnEfG [Energieeffizienzgesetz] vom 13. November 2023 (BGBl. 2023 I Nr. 309).

EnergieStG [Energiesteuergesetz] vom 15. Juli 2006 (BGBl. I S. 1534; 2008 I S. 660, 1007), das zuletzt durch Artikel 3 des Gesetzes vom 27. März 2024 (BGBl. 2024 I Nr. 107) geändert worden ist.

EU [Europäische Union] (2016): Übereinkommen von Paris (https://eur-lex.europa.eu/legal-content/DE/TXT/PDF/?uri=CELEX:22016A1019(01)). Abgerufen am 22.03.2025.

EU [Europäische Union] (2019): Verordnung (EU) 2019/2088 des Europäischen Parlaments und des Rates vom 27. November 2019 über nachhaltigkeitsbezogene Offenlegungspflichten im Finanzdienstleistungssektor (SFDR). In: ABI. L 317 vom 09.12.2019, S. 1–20.

EU [Europäische Union] (2020): Verordnung (EU) 2020/852 des Europäischen Parlaments und des Rates vom 18. Juni 2020 über die Einrichtung eines Rahmens zur Erleichterung nachhaltiger Investitionen und zur Änderung der Verordnung (EU) 2019/2088. In: ABI. L 198 vom 22.06.2020, S. 13–42.

EU [Europäische Union] (2021): Verordnung (EU) 2021/1119 des Europäischen Parlaments und des Rates vom 30. Juni 2021 zur Schaffung des Rahmens für die Verwirklichung der Klimaneutralität und zur Änderung der Verordnungen (EG) Nr. 401/2009 und (EU) 2018/1999 („Europäisches Klimagesetz"). In: ABI. L 243/1 vom 09.07.2021, S. 1–17.

EU [Europäische Union] (2022): Richtlinie (EU) 2022/2464 des Europäischen Parlaments und des Rates vom 14. Dezember 2022 zur Änderung der Richtlinien 2013/34/EU, 2004/109/EG, 2006/43/EG und 2007/56/EG hinsichtlich der Nachhaltigkeitsberichterstattung von Unternehmen (CSRD). In: ABI. L 322 vom 16.12.2022, S. 15–73.

EU [Europäische Union] (2023a): Richtlinie (EU) 2023/959 des Europäischen Parlaments und des Rates vom 10. Mai 2023 zur Änderung der Richtlinie 2003/87/EG über ein System für den Handel mit Treibhausgasemissionszertifikaten in der Union und des Beschlusses (EU) 2015/1814 über die Einrichtung und Anwendung einer Marktstabilitätsreserve für das System für den Handel mit Treibhausgasemissionszertifikaten in der Union („ETS II"). In: ABI. L 130 vom 16.05.2023, S. 134–200.

EU [Europäische Union] (2023b): Richtlinie (EU) 2023/1791 des Europäischen Parlaments und des Rates vom 13. September 2023 zur Energieeffizienz und zur Änderung der Verordnung (EU) 2023/955 (Neufassung). In: ABl. L 231 vom 20.9.2023, S. 1–111.

EU [Europäische Union] (2023c): Richtlinie (EU) 2023/2413 des Europäischen Parlaments und des Rates vom 18. Oktober 2023 zur Änderung der Richtlinie (EU) 2018/2001, der Verordnung (EU) 2018/1999 und der Richtlinie 98/70/EG im Hinblick auf die Förderung von Energie aus erneuerbaren Quellen und zur Aufhebung der Richtlinie (EU) 2015/652 des Rates. In: ABI. L 2023/2413 vom 31.10.2023, S. 1–77.

EU [Europäische Union] (2024): Richtlinie (EU) 2024/1275 des Europäischen Parlaments und des Rates vom 24. April 2024 über die Gesamtenergieeffizienz von Gebäuden (Neufassung). In: ABI. L 2024/1275 vom 08.05.2024, S. 1–68.

EU-Rat [Europäischer Rat] (2003): Richtlinie 2003/96/EG des Rates vom 27. Oktober 2003 zur Umstrukturierung der gemeinschaftlichen Regelung zur Besteuerung von Energieerzeugnissen und elektrischem Strom. In: ABI. L 283 vom 31.10.2003, S. 51–88.

Europäische Kommission (2018): Aktionsplan: Finanzierung nachhaltigen Wachstums (https://eur-lex.europa.eu/legal-content/DE/TXT/PDF/?uri=CELEX:52018DC0097). Abgerufen am 22.03.2025.

Europäische Kommission (2019): Der europäische Grüne Deal (https://eur-lex.europa.eu/resource.html?uri=cellar:b828d165-1c22-11ea-8c1f-01aa75ed71a1.0021.02/DOC_1&format=PDF). Abgerufen am 22.03.2025.

Europäische Kommission (2024): Energy Performance of Buildings Directive adopted to bring down energy bills and reduce emissions (https://ec.europa.eu/commission/presscorner/api/files/document/print/vi/ip_24_1965/IP_24_1965_EN.pdf). Abgerufen am 07.03.2025.

Europäische Kommission (2025a): Fragen und Antworten zum Omnibus-Paket (https://ec.europa.eu/commission/presscorner/api/files/document/print/de/qanda_25_615/QANDA_25_615_DE.pdf). Abgerufen am 11.07.2025.

Europäische Kommission (2025b): Kommission vereinfacht Vorschriften für Nachhaltigkeitsberichterstattung und EU-Investitionen: Mehr als 6 Mrd. EUR an Entlastung beim Verwaltungsaufwand angestrebt (https://ec.europa.eu/commission/presscorner/api/files/document/print/de/ip_25_614/IP_25_614_DE.pdf). Abgerufen am 11.07.2025.

Feng, Z.; Lu-Andrews, R.; Wu, Z. (2024): Commercial Real Estate in the Face of Climate Risk: Insights from REITs. In: Journal of Real Estate Research (2024), S. 1–29.

Frank, P. (2021): ESG bei Logistikimmobilien: Entwickler und Investoren auf dem Weg zu Netto-Null. In: Immobilien & Finanzierung (2021), Nr.10, S. 512.

Fuerst, F.; Dalton, B. (2019): Gibt es einen wissenschaftlichen Konsens zur Wirtschaftlichkeit nachhaltiger Immobilien? In: Zeitschrift für Immobilienökonomie, 5. (2019), S. 173–191.

GEG [Gebäudeenergiegesetz] vom 8. August 2020 (BGBl. I S. 1728), das zuletzt durch Artikel 1 des Gesetzes vom 16. Oktober 2023 (BGBl. 2023 I Nr. 280) geändert worden ist.

Geyer, H. (2013): Praxiswissen BWL – mit Arbeitshilfen online: Crashkurs für Führungskräfte und Quereinsteiger. 2. Aufl., Haufe.

Geyer, H. (2020): Kennzahlen für die Bau- und Immobilienwirtschaft—Inkl. Arbeitshilfen online. 3. Aufl., Haufe.

Ghosh, C.; Petrova, M. T. (2023): Building Sustainability, Certification, and Price Premiums: Evidence from Europe. In: Journal of Real Estate Research, 46. (2023), Nr. 4, S. 514–537.

gif [Gesellschaft für Immobilienwirtschaftliche Forschung e.V.] (2004): Definitionssammlung zum Büromarkt (https://www.dr-winkler.org/wp-content/uploads/definitionssammlungzumbueromarkt2.pdf). Abgerufen am 23.03.2025.

Glaser, B. G.; Strauss, A. L.; Glaser, B. G. (1998): Grounded theory—Strategien qualitativer Forschung. Huber.

GRI [Global Reporting Initiative] (2025a): GRI – Mission & History (https://www.globalreporting.org/about-gri/mission-history/). Abgerufen am 25.05.2025.

GRI [Global Reporting Initiative] (2025b): Sector Program (https://www.globalreporting.org/standards/sector-program/). Abgerufen am 25.05.2025.

GRI [Global Reporting Initiative] (2025c): GRI – How to use the GRI Standards (https://www.globalreporting.org/how-to-use-the-gri-standards/). Abgerufen am 25.05.2025.

Groh, A.; Kuhlwein, H.; Bienert, S. (2022): Does Retrofitting Pay Off? An Analysis of German Multifamily Building Data. In: Journal of Sustainable Real Estate, 14. (2022), Nr. 1, S. 95–112.

Gromer, C. (2012): Die Bewertung von nachhaltigen Immobilien. Springer Fachmedien Wiesbaden.

Hayar, B.; Muckenhaupt, J.; Zhu, B. (2025): The impact of ESG factors on performance of real estate equities. In: Journal of Property Research (2025), S. 1–26.

Helmold, M.; Treu, J.; Fritz, J.; Hummel, F. (2024): ESG, CSR und SDG als langfristiger Wettbewerbsvorteil: Nachhaltigkeit durch innovative Konzepte, Methoden und Tools. Springer Fachmeiden Wiesbaden.

Holy-Zwickelstorfer, V. M. (2023): Ein Markt im Wandel. In: dispo (2023), Nr. 3, S. 16–19.

Immobilien Zeitung (2020): Nachhaltigkeit bestimmt Handel. In: Immobilien Zeitung (2020), Nr. 47, S. 13.

Immobilien Zeitung (2021): Logistikentwickler fahren auf ESG ab. In: Immobilien Zeitung (2021), Nr. 36, S. 25.

Immobilien Zeitung (2022a): ESG prägt die Logistikrenditen stärker als die Mietdauer. In: Immobilien Zeitung (2022), Nr. 11, S. 5.

Immobilien Zeitung (2022b): Ein Ideenpool für nachhaltige Logistikhallen. In: Immobilien Zeitung (2022), Nr. 4, S. 11.

Immobilienwertermittlungsverordnung vom 14. Juli 2021 (BGBl. I S. 2805).

Ishaak, F.; Remøy, H. (2024): The Positive and Negative Effects of Sustainability on Real Estate Transaction Prices. In: Journal of Sustainable Real Estate, 16. (2024), Nr. 1, Artikel 2408801.

Jäger, A. (2020): Der Einfluss nachhaltigkeitsbezogener Objektmerkmale auf den Wert von Immobilien – ein Beitrag zur Weiterentwicklung von Datenhaltung und Wertermittlungsverfahren. KIT Scientific Publishing.

Kaiser, R. (2021): Qualitative Experteninterviews: Konzeptionelle Grundlagen und praktische Durchführung. 3. Aufl., Springer Fachmedien Wiesbaden.

Khazal, A.; Sønstebø, O. J. (2020): Valuation of energy performance certificates in the rental market – Professionals vs. Nonprofessionals. In: Energy Policy, 147. (2020), Artikel 111830.

Kim, S.; Li, Z. (2021): Understanding the Impact of ESG Practices in Corporate Finance. In: Sustainability, 13. (2021), Nr. 7, Artikel 3746.

KPMG (2023): Nachhaltig steuern – Studie zum ESG Management & Steering (https://hub.kpmg.de/nachhaltig-organisiert-studie-zu-esg-management-und-steering). Abgerufen am 08.03.2025.

Kuckartz, U.; Rädiker, S. (2022): Qualitative Inhaltsanalyse: Methoden, Praxis, Computerunterstützung: Grundlagentexte Methoden. 5. Aufl., Beltz Juventa.

LEED [Leadership in Energy and Environmental Design] (2025a): LEED-certified green buildings are better buildings (https://www.usgbc.org/leed). Abgerufen am 28.03.2025.

LEED [Leadership in Energy and Environmental Design] (2025b): About LEED (https://www.usgbc.org/resources/about-leed-presentation). Abgerufen am 28.03.2025.

LEED [Leadership in Energy and Environmental Design] (2025c): LEED v4.1 (https://www.usgbc.org/leed/v41#bdc). Abgerufen am 28.03.2025.

Leutner, S.; Gloria, B.; Bienert, S. (2024): Is there a green discount in commercial real estate lending? In: Journal of Property Investment & Finance, 42. (2024), Nr. 5, S. 411–434.

Lütge, F. (1940): Wohnungswirtschaft: eine systematische Darstellung unter besonderer Berücksichtigung der deutschen Wohnungswirtschaft. Fischer.

Maslow, A. H. (1943): A theory of human motivation. In: Psychological Review 50. (1943), Nr. 4, S. 370–396.

Meadows, D. H.; Meadows, D. L.; Randers, J.; Behrens III, W. (1974): The limits to growth: A report for the club of rome's project on the predicament of mankind. In: Club of Rome (Hrsg.): 2. Aufl., Universe books.

Morningstar Sustainalytics (2025): Global Sustainable Fund Flows: Q1 2025 in Review (https://www.morningstar.com/business/insights/research/global-esg-flows). Abgerufen am 11.07.2025.

Morri, G.; Colantoni, F.; De Paolis, A. M. (2024): ESG performance variability: profitability and market implications for real estate entities in a worldwide context. In: Journal of European Real Estate Research, 17. (2024), Nr. 3, S. 373–394.

Mösle, P.; Lambertz, M.; Altenschmidt, S.; Ingenhoven, C. (2017): Praxishandbuch Green Building: Recht, Technik, Architektur. De Gruyter.

Murfeld, E. (2018): Spezielle Betriebswirtschaftslehre der Immobilienwirtschaft. 8. Aufl., Haufe-Lexware.

Oehlrich, M. (2022): Wissenschaftliches Arbeiten und Schreiben: Schritt für Schritt zur Bachelor- und Master-Thesis in den Wirtschaftswissenschaften. 3. Aufl., Springer Fachmedien Wiesbaden.

Paul, J.; Schafer, K. (2023): Enorme Auswirkungen von ESG auf Immobilieninvestoren (https://hub.hslu.ch/immobilienblog/2023/03/13/enorme-auswirkungen-von-esg-auf-immobilieninvestoren/). Abgerufen am 07.03.2025.

PRI [Principles for Responsible Investment] (2024): Principles for Responsble Investment – Annual Report 2024 (https://www.unpri.org/about-us/about-the-pri/annual-report#storytext-end). Abgerufen am 22.03.2025.

PRI [Principles for Responsible Investment] (2025): About the PRI (https://www.unpri.org/about-us/about-the-pri). Abgerufen am 22.03.2025.

Rat der Europäischen Union (2025): Fit for 55 – das Paket zur Erreichung der EU-Klimaziele bis 2030 (https://www.consilium.europa.eu/de/policies/fit-for-55/#0). Abgerufen am 15.06.2025.

Robin, L.; Sörlin S.; Warde, P. (2013): The future of nature: Documents of global change. Yale University Press.

Robinson, S.; Simons, R.; Lee, E. (2020): Which Green Office Building Features Do Tenants Pay For? A Study of Observed Rental Effects. In: Journal of Real Estate Research, 39. (2020), Nr. 4, S. 467–492.

Robinson, S.; Singh, A. J. (2021): The Impact of Green Labels on US Hotel Net Operating Income: Operating Statements Analyses. In: Appraisal Journal, 89. (2021), S. 49–60.

Rottke, N.; Landgraf, D. (2010): Ökonomie vs. Ökologie: Nachhaltigkeit in der Immobilienwirtschaft? 1. Aufl, Immobilien Manager Verlag.

Schäfer, B.;Litzner, H.-U. (2005): Nachhaltiges Bauen aus Sicht der Bauwirtschaft. In: Beton- und Stahlbetonbau (2005), Nr. 9, S. 771–774.

Schrems, I.; Fiedler, S.; Zerzawy, F.; Hecker, J. (2023): Einführung eines Emissionshandelssystems für Gebäude, Straßenverkehr und zusätzliche Sektoren in der EU (https://www.umweltbundesamt.de/sites/default/files/medien/11850/publikationen/factsheet_einfuehrung_eines_emissionshandelssystems.pdf). Abgerufen am 16.06.2025.
Schulte, K.-W. (2008): Immobilienökonomie. Betriebswirtschaftliche Grundlagen. 4. Aufl., Oldenbourg Verlag.
Sheng, H. (2025): Is the Sustainability of the External Environment Priced in Commercial Real Estate? In: Journal of Real Estate Research (2025), S. 1–43.
Sherwood, M. W.; Pollard, J. (2023): Responsible Investing. 2. Aufl., Routledge.
Stauß, S. (2020): Den CO_2-Abdruck verkleinern. In: Allgemeine Hotel- und Gastronomie-Zeitung (2020), Nr. 11, S. 22.
UN [United Nations] (1992): AGENDA 21 (https://sustainabledevelopment.un.org/content/documents/Agenda21.pdf). Abgerufen am 16.03.2025.
UN [United Nations] (2015): Transforming our world: the 2030 Agenda for Sustainable Development (https://www.un.org/en/development/desa/population/migration/generalassembly/docs/globalcompact/A_RES_70_1_E.pdf). Abgerufen am 22.03.2025.
UN Global Compact [United Nations Global Compact] (2004): Who Cares Wins – Connecting Financial Markets to a Changing World (https://documents1.worldbank.org/curated/en/280911488968799581/pdf/113237-WP-WhoCaresWins-2004.pdf). Abgerufen am 20.03.2025.
UN Global Compact [United Nations Global Compact] (2025): United Nations Global Compact (https://unglobalcompact.org). Abgerufen am 20.03.2025.
Veith, T.; Conrads, C.; Hackelberg, F. (2021): ESG in der Immobilienwirtschaft: Praxishandbuch für den gesamten Immobilien- und Investitionszyklus. 1. Aufl., Haufe.
Velte, P. (2017): Does ESG performance have an impact on financial performance? Evidence from Germany. In: Journal of Global Responsibility, 80. (2017), Nr. 2, S. 169–178.
WCED [World Commission on Environment and Development] (1987): Report of the World Commission on Environment and Development "Our Common Future" (https://digitallibrary.un.org/record/139811?v=pdf). Abgerufen am 20.03.2025.
Wesp, R. (2010): Zertifikate sind mehr als reine Fassade. In: Lebensmittel Zeitung (2010), Nr. 16, S. 63.
Whelan, T.; Atz, U.; Holt, T. V.; Clark, C. (2021): ESG and Financial Performance: Uncovering the Relationship by Aggregating Evidence from 1,000 Plus Studies Published between 2015 – 2020 (https://www.stern.nyu.edu/sites/default/files/assets/documents/NYU-RAM_ESG-Paper_2021%20Rev_0.pdf). Abgerufen am 27.02.2025.
Wölfl, A. (2022): Zur Rolle von Dienstleistungen im ESG-Reporting. In: ifo Institut – Leibniz-Institut für Wirtschaftsforschung an der Universität München, 75. (2022), Nr. 1, S. 73–76.
Wotruba, M.; Hein, P. (2025): Die Bedeutung von ESG bei Handelsimmobilien (Case Study). In: J. Berentzen & P. Hoog (Hrsg.): Modernes Handelsmanagement. Springer Fachmedien Wiesbaden, S. 163–175.
ZIA [Zentraler Immobilien Ausschuss e.V.] (2024): Die Bedeutung der Immobilienwirtschaft in Zahlen (https://zia-deutschland.de/wp-content/uploads/2021/05/Bedeutung-der-Immobilienwirtschaft-in-Zahlen.pdf). Abgerufen am 26.02.2025.

Kolibri 360 GmbH
Ferdinand-Jühlke-Straße 7
99095 Erfurt, Deutschland
produktsicherheit@kolibri360.de